U0514490

教育部人文社会科学研究项目

经管
文库

新城镇化农业转移人口
社会保障复合补偿机制研究

李 灵◎著

中国财经出版传媒集团

经济科学出版社
Economic Science Press

图书在版编目（CIP）数据

新城镇化农业转移人口社会保障复合补偿机制研究／
李灵著 . —北京：经济科学出版社，2022. 4
ISBN 978 - 7 - 5218 - 3620 - 2

Ⅰ. ①新… Ⅱ. ①李… Ⅲ. ①农业人口 - 城市化 - 社
会保障 - 补偿机制 - 研究 - 中国 Ⅳ. ①D632. 1

中国版本图书馆 CIP 数据核字（2022）第 062720 号

责任编辑：崔新艳 梁含依
责任校对：孙 晨
责任印制：范 艳

新城镇化农业转移人口社会保障复合补偿机制研究
XINCHENGZHENHUA NONGYE ZHUANYI RENKOU SHEHUI
BAOZHANG FUHE BUCHANG JIZHI YANJIU
李 灵 著
经济科学出版社出版、发行 新华书店经销
社址：北京市海淀区阜成路甲 28 号 邮编：100142
经管中心电话：010 - 88191335 发行部电话：010 - 88191522
网址：www. esp. com. cn
电子邮箱：espcxy@ 126. com
天猫网店：经济科学出版社旗舰店
网址：http：//jjkxcbs. tmall. com
北京季蜂印刷有限公司印装
710 × 1000 16 开 9 印张 140000 字
2022 年 4 月第 1 版 2022 年 4 月第 1 次印刷
ISBN 978 - 7 - 5218 - 3620 - 2 定价：45. 00 元
（图书出现印装问题，本社负责调换。电话：010 - 88191510）
（版权所有 侵权必究 打击盗版 举报热线：010 - 88191661
QQ：2242791300 营销中心电话：010 - 88191537
电子邮箱：dbts@ esp. com. cn）

教育部人文社会科学研究项目经管文库
出版说明

教育部人文社会科学研究项目已开展多年，一向坚持加强基础研究，强化应用研究，鼓励对策研究，支持传统学科、新兴学科和交叉学科，注重成果转化。其秉持科学、公正、高效的原则，注重扶持青年社科研究工作者和边远、民族地区高等学校有特色的社科研究，为国家经济建设和社会发展及高等教育发展贡献了一批有价值的研究成果。

经济科学出版社科致力于经济管理类专业图书出版多年，于 2018 年改革开放 40 周年之际推出"国家社科基金项目成果经管文库"，于 2019 年中华人民共和国成立 70 周年之际推出"国家自然科学基金项目成果·管理科学文库"。今年是中国共产党建党 100 周年，我们将近期关注的教育部人文社会科学经济管理类研究项目整理为文库出版，既为了庆祝中国共产党建党 100 周年，又希望为我国教育科研领域经济管理研究的进步做好注脚，同时，努力实现我们尽可能全面展示我国经济、管理相关学科前沿成果的夙愿。

本文库中的图书将陆续与读者见面，欢迎教育部人文社会科学研究项目在此文库中呈现，也敬请专家学者给予支持与建议，帮助我们办好这套文库。

经济科学出版社经管编辑中心

2021 年 4 月

本书为教育部人文社会科学研究项目（一般项目）"新城镇化农业转移人口社会保障复合补偿机制研究"（项目编号：18YJA630053）研究成果。

前言

在过去的 20 年里，我国城镇化高速发展，2014 年《国家新型城镇化规划（2014～2020 年)》提出的"全面提高城镇化的发展质量"，标志着中国城镇化进入高质量发展的战略转型期。2019 年国务院公布的第 16 个以"三农"工作为主题的中央一号文件，进一步深化了 2018 年中央一号文件中确立的 2020 年乡村振兴战略目标，再次强调了新城镇化背景下的乡村治理问题，重点是妥善解决城镇化征地拆迁所涉及的农业转移人口的就业、社会、经济等诸多问题。新城镇化征地拆迁补偿本质上就是"多利益主体、多视角下公共政策的制定与实现路径"的社会问题，是一项多元主体、多层次补偿的复杂系统工程。其社会影响广泛，补偿一旦落实不当，不仅会阻碍新城镇化进程，更会引起被征地农民不满，导致群体事件发生，威胁社会稳定。但是我国现行的补偿机制存在设计不合理、保障政策不完善、相关法律滞后以及重视短期补偿忽视长期跟踪等诸多问题。因此，本书从被征地农民的需求出发，针对现有征地拆迁补偿相关政策、制度以及管理中存在的问题与漏洞，以切实落实被征地农民的补偿政策和长期生活保障措施为目标，设计形成新城镇化背景下征地拆迁补偿复合保障机制，保证被征地公众的合法权益，维护社会稳定。

本书重点聚焦被征地农民生活质量的提升，围绕面向公众满意的复合补偿机制构建、面向多主体的复合补偿机制实现路径等方面展开研究。第 1 章综述了新城镇化征地拆迁的现状以及本书的研究路径。第 2 章至第 5 章全面系统地介绍了新城镇化征地拆迁补偿机制研究的主要内容。其中，第 2 章结合政策演进和农民的需求，构建利益相关者需求的政策工具选择框架，为后续设计出科学合理的复合补偿机制奠定基础；第 3 章通过构建被征地农民劳动能力评估模型，分析了农民劳动能力与补偿政策工具的差异；第 4 章基于社会公正视角，通过分析被征地农民的利益需求偏好，构建差异化补偿模式；第 5 章通过构建征地补偿机制绩效测度模型，探索并建立新城镇化被征地农民的补偿机制实现路径。第 6 章提出了相关的政策建议。

在本书写作过程中，刘炳胜教授和陈媛副研究员给予了很多建议，邬诚诚、周海东、张雪利、吴国滨、徐晨梅等同学参与写作和问卷收集工作，同时也得到了相关专家和学者的大力支持，问卷填写得到相关被征地农民的协助，在此衷心表示感谢。由于作者水平有限，书中难免出现不足之处，敬请各位专家、同行和读者给予批评指正。

作者

2021 年 12 月

目　　录

第1章

绪　　论

研究背景与意义

1.1.1　研究背景

2019 年国务院公布的第 16 个以"三农"工作为主题的中央一号文件，进一步深化了 2018 年中央一号文件中确立的 2020 年乡村振兴战略目标，再次强调了新城镇化背景下的乡村治理问题，重点是妥善解决城镇化征地拆迁所涉及的农业转移人口的就业、社会、经济等诸多问题，如征地拆迁补偿政策是否完善、经济补偿是否合理和满意、拆迁公众生活环境是否得到改善、拆迁公众是否能得到长效生活保障等。因此，针对城镇化征地拆迁公众，从补偿政策、补偿机制、补偿实现路径和长效追踪机制等方面探究其长效复合保障体系问题，① 有利于拆迁公众安居乐业、安享城镇化的社

---

① 本书将"复合"界定为：多主体：政府和失地公众；多角度：短期补偿和长期补偿；多层次：行政机构和横向工作组。

会效益。

新城镇化征地拆迁补偿是一项涉及多元化利益主体、多层次补偿目标的复杂系统工程,社会影响广泛。补偿落实不当的情况一旦发生,不仅会阻碍新城镇化进程,更将引起被征地农民不满,导致群体事件发生。在我国新城镇化建设项目征地拆迁过程中,忽视公众诉求、激发矛盾冲突进而影响拆迁进度的事件在不同程度上引发了征地拆迁公众的抗争行为,甚至威胁到社会稳定。随着新城镇化的快速推进和城市整合发展的需要,农业用地和农村居住地都被迫转化成非农业用地,① 失去土地的农民缺少必要的收入来源,征地拆迁移民安置补偿成为被征地农民未来生活的根本保障。② 但是,我国现行的补偿机制存在着机制设计不合理、③ 社会保障政策不完善、④ 相关法律滞后⑤以及重视短期补偿忽视长期跟踪等诸多问题。⑥ 这些问题不仅严重影响了被征地农民的生活质量和社会稳定,更加制约了新城镇化建设的步伐。⑦ 若要从源头上有效解决新城镇化建设过程中被征地农民的补偿问题,维护社会稳定,实现新城镇化建设的长期目标,唯有充分考虑被征地农民的需求,保障其利益,建立与完善新城镇化建设中征地拆迁补偿复合保障机制,这也是国家和地方政府亟待解决的重要社会问题之一。但是,目前我国新城镇化建设征地拆迁补偿保障体系却存在着一些问题。首先,国家的政策制定跟不上社会发展的需要;其次,政策执行满足于短期利益,忽视了长期发展需求;最后,省、市、县之间的政策不配套、不具体等系列问题,

---

① 朱晒红. 新城镇化背景下被征地农民补偿安置问题——基于政府公共性缺失的视角 [J]. 农村经济, 2014 (2): 80 - 84.

② Bao H, Peng Y. Effect of land expropriation on land-lost farmers' entrepreneurial action: A case study of Zhejiang Province [J]. Habitat International, 2016, 53 (3): 42 - 49.

③ 薛刚凌, 王霁霞. 土地征收补偿制度研究 [J]. 政法论坛: 中国政法大学学报, 2005, 23 (2): 86 - 94.

④ 柳建文, 孙梦欣. 农村征地类群体性事件的发生及其治理——基于冲突过程和典型案例分析 [J]. 公共管理学报, 2014, 11 (2): 101 - 114.

⑤ 张孝德, 田应斌. 土地征收补偿方式的改革路径思考 [J]. 科技创业月刊, 2007, 20 (6): 15 - 16.

⑥ 程杰, 郑晓桐. 新城镇化背景下被征地农民社会保障问题研究——以辽宁省为例 [J]. 北方经济, 2015 (7): 62 - 64.

⑦ 王超. 城镇化战略转型: 系统关系视角下的新型城镇化路径选择 [J]. 前沿, 2013 (11): 134 - 137.

导致整体上效果欠佳。① 因此，本书将从被征地农民的需求出发，针对现有征地拆迁补偿相关政策、制度以及管理中存在的问题与漏洞，以真正落实被征地农民的补偿政策和长期生活保障为目标，设计新城镇化背景下征地拆迁补偿复合保障机制，维护被征地农民的合法权益，实现社会公正和稳定。

　　新城镇化征地拆迁补偿本质上就是"多利益主体、多视角下公共政策的制定与实现路径"的社会问题。征地拆迁补偿项目具有征地范围广、涉及被征地户数多、被征地人群成分复杂、各种利益矛盾错综复杂等特点。② 新城镇化征地拆迁补偿既要考虑在短期内对被征地农民经济生活的保障，又要考虑长期对新城镇化发展进程和改善人民生活等方面的积极作用，两者相互促进，相辅相成。新城镇化征地拆迁补偿过程中涉及的利益群体数量众多且诉求难以达成一致，包括不同层次的公众、政府、投资机构和建设单位等在内的多个不同利益主体，其不同的行为又将影响补偿工作的进度，存在着公共利益与个人利益、短期利益与长期利益等诸多矛盾。③ 此外，被征地农民在利益诉求、文化知识、技能水平、个人和家庭需求等方面均存在差异，④ 这必然会导致补偿方式和群众需求不相适应，进而影响补偿效果。因此如何有效分析不同公众的行为特点和需求，科学地针对不同类别群体制定相应的补偿方案，即构建多层次差异化的复合补偿机制，是新城镇化征地拆迁补偿的核心所在。保证被征地农民安居乐业最为有效的途径之一便是建立跟踪补偿保障机制。跟踪补偿保障机制可以实现对被征地农民生活的长效保障，最大限度地满足其利益诉求，提高补偿的长效性与公正性，保证公众安居乐业，维护社会稳定。而这类征地拆迁补偿问题，是传统单一的补偿机制所不能妥善解决的，需要进一步探索。

　　柳建文（2014）和张孝德（2007）等教授指出，征地拆迁补偿研究的重

　　① 洪运，陈岚君. 征地拆迁中的农村住房安置补偿制度研究［J］. 经济体制改革，2012（3）：78 - 81.

　　② 任宏，张埔炽. 公共项目征地拆迁中存在的问题及对策研究［J］. 工程管理学报，2014（1）：31 - 35.

　　③ 袁凌云. 征地拆迁工作需要把握的几个问题［J］. 理论导报，2010（3）：43.

　　④ 王才亮. 农村征地拆迁纠纷处理实务［M］. 北京：法律出版社，2006.

要创新之一在于政策、保障机制与现实应用的联系。① 因此，在推进新城镇化的进程中，如何设计针对被征地农民的长远生计的保障机制，是国家和地方政府不可忽视的重大社会问题之一。基于此，本书以我国新城镇化征地拆迁失地利益相关方为对象，以公众满意为视角，展开新城镇化背景下征地拆迁补偿保障机制的研究，通过理论与实践相结合，在依次展开剖析征地拆迁补偿问题、制定征地拆迁补偿机制、设计征地拆迁补偿实现路径、规范监管保证措施等研究的基础上，建立和完善新城镇化建设的征地拆迁复合补偿保障机制，期待能够从研究思路与技术方法上为复杂社会问题的解决提供参考。此外，对我国的征地补偿政策工具进行评估，可以在一定程度上反映出我国目前征地补偿政策的实施情况，为决策者提供有用的信息。

1.1.2　研究意义

1. 推动我国新城镇化建设战略实施的进程

本书以形成新城镇化建设中征地拆迁复合补偿保障体系为落脚点，强调对农民土地权益的补偿不能止步于一次性的货币补偿和安置，更要关注被征地农民的利益诉求，丰富拆迁补偿方式，落实相关政策制度，使被征地农民能够长期享受城镇化的效益。研究成果有助于实现资源的合理配置，将短期经济补偿与长效社会保障相结合，鼓励创新创业；有助于践行党的十九大关于"实施乡村振兴战略"的部署，助推新城镇化进程；有助于完善征地拆迁补偿保障体系，提升被征地农民的生活质量，保障被征地农民安居乐业，实现精准扶贫。

2. 完善了我国的政策科学理论

本书将在系统工程理论与思想的指导下，融合社会学、管理科学、公共管理、政策学等多学科的研究方法，从多主体、多层次的角度创新性地提出新城镇化征地拆迁复合补偿保障体系，为乡村振兴战略的实现提供较为坚实可靠的理论支撑。同时从征地拆迁补偿机制视角，探讨政府公共政策的实现

---

① 柳建文. 农村社会治理专题 [J]. 公共管理学报，2014，11 (2)：101. 张孝德，田应斌. 土地征收补偿方式的改革路径思考 [J]. 科技创业月刊，2007 (6)：15 – 16.

路径，丰富政策科学的内涵。整个研究成果将为政府科学规划和治理乡村问题提供决策建议，为加强乡村治理体系建设提供决策咨询。

1.2
国内外研究现状及述评

这部分将从新城镇化征地拆迁项目补偿相关政策制度、新城镇化征地拆迁项目补偿模式两个方面展开述评。

1.2.1 新城镇化征地拆迁项目补偿相关政策制度

土地房屋建设项目开发是新城镇化发展进程中的重要举措，在开发过程中不可避免地会涉及土地征用和房屋拆迁，只有在尽可能满足各利益相关方需求的基础上，项目开发才能顺利进行。[1] 在新城镇化以人为核心的背景下，针对大量被征地农民制定恰当的补偿保障政策是保障征地拆迁项目顺利进行的重中之重。[2] 在征地拆迁项目问题上，政府应对被征地农民给予高度重视，出台相关政策，避免农民因失地而出现生活质量下降、引发社会冲突等现象。[3] 新城镇化进程中，有的征地拆迁项目出现了耗时较长、耗资巨大、"钉子户"等现象。[4] 针对被征地农民的补偿保障政策研究成为时下学界的热点，研究成果主要涵盖了相关土地政策、具体补偿制度及补偿监督政策等方面。

征地拆迁项目相关土地政策研究。宋全成（2009）通过对集体土地被征用的被征地农民补偿情况的研究，发现被征地农民所得补偿少，他认为在所

① 张元庆. 中国城镇化与征地困局——基于农地产权视角的思考 [J]. 西北农林科技大学学报（社会科学版），2014，14（4）：16-21.
② 邹冰. 我国农地征用中集体土地产权保护问题研究——基于集体行动机制视角下的分析 [D]. 杭州：浙江大学，2010. 张期陈. 农地征用过程中村民利益问题研究——基于莱芜市农村征地调研的分析 [J]. 经济体制改革，2009（1）：104-107.
③ 李平，徐孝白. 征地制度改革：实地调查与改革建议 [J]. 中国农村观察，2004（6）：40-45.
④ 张期陈. 农地征用过程中村民利益问题研究——基于莱芜市农村征地调研的分析 [J]. 经济体制改革，2009（1）：104-107.

征集体土地权属关系不明晰的前提下，缺乏对被征地农民的应有补偿，大大增加了征地拆迁的阻力与难度。① 此外，对于征地拆迁过程中土地增值二次分配的矛盾，部分研究认为虽然被征地农民只享有土地使用权，但考虑到土地增值是由开发商、政府、公众等多利益相关方共同促成的，基于公平理论，应对被征地农民的补偿基数及收益权等做进一步界定，在政策上体现出"有福同享，有难同当"的再分配原则。②

征地拆迁项目具体补偿制度研究。陈勇等（Chen Y et al.，2008）和张庭伟（Zhang T，2000）通过对征地补偿的政策演变和主要参与者之间的相互作用进行分析，揭示了不同的补偿措施在城镇化进程中影响被征地农民生活与就业的规律。刘泽照等（Liu Z et al.，2016）结合福利功能、福利差距和福利能力构建农民耕地补偿问题框架，指出城镇化项目开发后，政府和相关主体应为被征地农民提供教育和培训等服务，用复合补偿模式取代补偿金一次性付清模式，防止产生过度福利差距以及相关社会问题。罗恩·吉亚马利诺等（Ron Giammarino et al.，2005）以加纳的苏亚美 - 布奥霍（Suame-Buoho）的道路重建相关补偿问题为例，对政府在征地和补偿过程中存在的不足进行识别。许智文等（2003）从社会排斥的角度评估土地征收政策对被征地农民的影响，认为当前的土地补偿政策在名义上正逐步改善，但失地人口仍在社会上受到各种形式的排斥。

征地拆迁项目补偿监督政策研究。邓雅誉等学者考虑到监管力度与效果的投入产出比，发现现行的征地拆迁补偿监管多集中于对补偿专款基金收支数目方面，③ 旨在规避社保基金征收不力或是被贪污等现象。此外，从长效补

① 宋全成. 中国城市化进程中的失地农民问题及对策——非自愿移民与社会学研究的双重视角 [J]. 社会科学辑刊，2009（2）：43 - 48.

② Barrese J T. Efficiency and equity considerations in the operation of transfer of development rights plans [J]. Land Economics，1983，59（2）：235 - 241. Messer K D. The conservation benefits of cost-effective land acquisition：a case study in Maryland [J]. Journal of Environmental Management，2006，79（3）：305 - 315. Giammarino R，Nosal E. Loggers versus campers：Compensation for the taking of property rights [J]. Journal of Law Economics & Organization，2005，21（1）：136 - 152.

③ 邓雅誉，杨平. 论社会保障政策执行中存在的问题与对策 [J]. 法制与社会，2010（5）：188 - 189. 巴曙松，谭迎庆，丁波. 我国社保基金监管的现状、问题和建议 [J]. 经济研究参考，2007（58）：48 - 52.

偿监管的角度出发，单纯保障社保基金的使用效率并不足以完全覆盖因征地拆迁造成的失地人口的补偿需求。① 对于各项养老、就业保障等长期政策的执行，也需要完善相关监管规制。② 同样，在此需求的基础上，现行的社会保障监督多关注短期经济补偿政策的执行力度，对于长效社会保障政策执行效果的监管则较不完善。③ 监管政策主要是政府主导，应从内外两方面形成系统的监督机制，避免出现内部监督乏力、外部监督缺失的现象。④

综上，征地拆迁补偿安置保障工作是推进新城镇化建设的关键，已经为学者所接受。当前涉及征地拆迁补偿问题的政策研究多是就相关土地政策、具体补偿制度及补偿监督政策三块内容展开的，一方面，目前我国新城镇化项目开发补偿相关政策尚不健全；另一方面，从我国现有制度来看，由于失地人群只拥有土地使用权，甚至相关农村集体土地权属不明晰，征地拆迁补偿往往按照土地现有价值进行核算，且补偿归属不明确，导致部分拆迁项目因"钉子户"问题而被迫中止。此外，当前征地拆迁补偿监督政策多集中于社会保障基金数额及去向，长效制度部分监管的缺失直接导致了补偿政策执行效率较低、工作人员违规操作等现象。破解上述问题，必须完善补偿保障政策，并以此为基础进一步构建补偿、监督机制及实现路径。目前征地拆迁相关补偿政策和补偿机制仍有待进一步完善。

1.2.2　新城镇化征地拆迁项目补偿模式

新城镇化项目征地拆迁补偿是一项涉及多元化利益主体、多层次补偿目标的复杂系统工程。在征地拆迁补偿过程中要充分考虑被征地农民的利益诉

① 贺雪峰. 提高征地拆迁补偿标准，谁是受益者？[J]. 社会观察，2013（1）：46－48.
② 张燕，居琦，王莎. 生态扶贫协同下耕地生态补偿法律制度完善——基于法政策学视角 [J]. 宏观经济研究，2017（9）：184－191.
③ 巴曙松，谭迎庆，赵晶，等. 关于社保基金监管框架的思考 [J]. 技术经济与管理研究，2007（5）：8－10.
④ Perry T, Zenner M, Kalpathy S et al. Government regulation and the structure of compensation contracts [J]. Round Table the Commonwealth Journal of International Affairs, 2007, 8（1）：117－126. 唐云锋，解晓燕，徐小溪. 基于共词分析的我国征地拆迁研究热点及其趋势 [J]. 上海国土资源，2016，37（2）：25－29.

求和补偿意愿，并以此提供征地补偿模式，实现被征地农民补偿需求和实际得到的征地政策工具相匹配，提高被征地农民对征地补偿政策的满意度。目前，关于新城镇化征地拆迁补偿模式的研究主要分为以下两个方面：新城镇化征地拆迁项目补偿方式研究和补偿机制研究。

1. 新城镇化征地拆迁项目补偿方式研究

叶必丰等（2014）针对征收补偿土地增值的动态补偿分配问题，提出应把土地使用权入股作为保障被征地农民长久持续发展的征地补偿路径。他认为应把按期补偿作为征地补偿方式，补偿期限根据国有土地使用权出让期限确定。① 张晓玲等（2006）从农村集体土地产权制度、土地价值测算、征地范围界定、社会保障制度以及土地税费制度分析征地制度改革和创新的难点。② 梅林（2006）以被征地农民的收益权为立足点，充分考虑土地的可增值性，提出将土地征地补偿权利纳入质押范畴以获取贷款。③ 刘世锋和吴群琪（2008）指出由于不同被征地农民对土地的依赖程度不同，应采取差异化的补偿模式。④ 同样，也有学者认同政府征地过程不应依赖单一的补偿方式，应该具体情况具体对待，运用包含了多种补偿工具的复合模式。郑财贵和朱玉碧（2006）提出补偿安置不应该局限于某一种特定的补偿工具，而是依据不同地区的社会经济因素差异以及不同被征地农民自身需求差异，如货币导向型、扶贫导向型、就业导向型，选择不同的组合方式。⑤ 田莉（Tian L，2008）提出在征地拆迁补偿过程中应根据不同情况采取不同拆迁策略，如整体拆建、局部调整拆迁和保护性改造，进而根据不同策略对居民进行差异化安置补偿。

---

① Rafferty S J. Central, provincial, and municipal regulations on property: Demolition, relocation, and compensation [J]. Chinese Law & Government, 2011, 44 (2): 3 – 7. Monroe A D. Public opinion as a factor in public policy formation [J]. Policy Studies Journal, 2010, 6 (4): 542 – 548. 叶必丰. 城镇化中土地征收补偿的平等原则 [J]. 中国法学, 2014 (3): 126 – 137.

② 张晓玲. 征地制度改革必须推进相关配套制度改革 [C]. 中国土地学会 625 论坛——第十六个全国"土地日"：依法合理用地, 促进科学发展论文集, 2006: 60 – 62.

③ 梅林. 浅析集体土地征用补偿标准的未来性——兼论集体土地征用补偿新方式 [J]. 法制与经济, 2006 (8): 16 – 17.

④ 刘世锋, 吴群琪. 高速公路征地差别补偿理论 [J]. 长安大学学报（社会科学版）, 2008, 10 (4): 25 – 29.

⑤ 郑财贵, 朱玉碧. 失地农民几种主要补偿安置方式的比较分析 [J]. 中国农学通报, 2006 (7): 607 – 611.

贾晓松（2016）总结出现阶段我国征地拆迁补偿存在的三项不足：第一，依赖单一补偿手段，以货币补偿为主；第二，补偿方式较肤浅，未考虑农民永久利益；第三，补偿方式刚性强，未考虑市场发展实际。[①]

2. 新城镇化征地拆迁项目补偿机制研究

目前在针对被征地农民的补偿机制研究中主要有两种困境：其一是农业人口传统生产生活习惯与城镇社会结构之间的矛盾。在失地农业人口转移的过程中，其工作、价值观、生活习惯与城镇社会结构的融合存在诸多矛盾，[②]如被征地农民面临无针对性技能和无法享受基本社会保障等多种就业难题，以及获取维持其因失地造成的基本生活的短期经济补偿与享有新城镇化带来的长效社会保障之间的矛盾。[③] 其二是失地农业转移人口后期生活保障的障碍。我国失地农业转移人口城镇化过程中存在被征地农民的公共福利缺失、[④] 补偿方式单一、[⑤] 失地农业转移人口市民化政策缺失、[⑥] 保障政策执行效率和有效性低、[⑦] 社会保障制度瓶颈[⑧]等问题，产生上述问题的主要原因在于失地农业转移人口长效保障政策法规的缺失以及补偿机制的不完善。迈克尔·M. 塞尔内亚（Michael M. Cernea，2003）指出，征地拆迁会产生大量被征地农民，虽然这些农民可以获得相应的征地补偿，但很难获得持久长效的

① 贾晓松. 土地征收补偿方式存在的问题及对策 [J]. 河北企业，2016（11）：54 - 55.

② 陈振明，吕志奎. 民生改善与基层治理：转产就业政策创新的"翔安样本" [J]. 中国行政管理，2015（3）：116 - 119. 孔祥智，王志强. 我国城镇化进程中被征地农民的补偿 [J]. 经济理论与经济管理，2004，V（5）：60 - 65.

③ 卢海元. 土地换保障：妥善安置被征地农民的基本设想 [J]. 中国农村观察，2003（6）：48 - 54.

④ 黄锟. 城乡二元制度对农民工市民化影响的实证分析 [J]. 中国人口·资源与环境，2011，21（3）：76 - 81.

⑤ 任宏，张埔炽. 公共项目征地拆迁中存在的问题及对策研究 [J]. 工程管理学报，2014（1）：31 - 35. 王中华，范莹莹. 安徽省征地拆迁与补偿安置工作问题及对策研究 [J]. 合肥学院学报（社会科学版），2013，30（4）：42 - 45. Chan N. Recent reform of China's rural land compensation standards [J]. Pacific Rim Property Research Journal，2006，12（1）：3 - 21.

⑥ 徐莉，严予若，王晓凤. 试论建立被征地农民权益长效保障机制 [J]. 农村经济，2006（4）：90 - 92.

⑦ 何思瑜. 被征地拆迁农民补偿安置政策执行问题研究——基于南宁市永红村的调查 [D]. 南宁：广西大学，2015.

⑧ 王伟，马超. 基于可行能力理论的被征地农民福利水平研究——以江苏省宜兴市和太仓市为例 [J]. 农业技术经济，2013（6）：20 - 31.

社会保障，往往导致其长期生活困难。纳尔逊·陈（Nelson Chan，2006）以中国为背景探讨了征地补偿标准和补偿公平，并指出我国现有的征地补偿依然主要以现金补偿、产权补贴等显性拆迁补偿方式为主，很少采取其他方式，未考虑农民永久利益和市场发展实际。① 埃琳娜·G. 欧文等（Elena G. Irwin et al.，2001）和杰弗里·D. 克莱恩等（Jeffrey D. Kline et al.，1994）认为在中国高速的城镇化进程中，货币补偿通常作为被征地农民的安置方式，对被征地农民来说定居在城市的难度较大，因此提出促进创业是一种可持续解决被征地农民生计的方法。

综上可以发现，学者普遍认同我国现有征地补偿政策在一定程度上缺乏长远的眼光，无法满足被征地农民的内在需要，可能会成为引发社会矛盾激化的潜在因素。目前我国新城镇化征地拆迁补偿方式形式相对单一且以货币为主，无法满足被征地农民的补偿需求。同时，现有的补偿政策与被征地农民需求之间的匹配差异也不清晰。破解上述问题，必须从公众需求的角度出发，基于社会公平正义的原则，创新多元化征地拆迁补偿方式，构建利益共同体联结机制，从短期和长期两个方面、政府和被征地农民两个主体、兼顾经济补偿与就业保障等方面进一步完善针对被征地农民后期安置的社会保障长效复合补偿体系。

1.2.3 述评与展望

综上所述，目前新城镇化建设过程中存在着征地拆迁补偿政策不健全、项目开发政策保障机制不完善、对利益相关者行为监督不到位等问题，使得被征地农民不能切实分享城镇化利益。目前，学界主要围绕征地拆迁安置补偿过程中的某些环节展开对策性建议研究，缺少系统性。征地拆迁及安置补偿是一个复杂的系统工程，其中包含多个环节，每个环节既各有差异、侧重不同，又相互交织、互相影响，构成了复杂的动态反馈系统。更为重要的是，被征地农民利益诉求不同，必然造成补偿机制的差异。现有文献缺乏对被征

---

① 贾晓松. 土地征收补偿方式存在的问题及对策 [J]. 河北企业，2016 (11)：54－55.

地农民的特征类型和满意度形成机理的分析，应分类开展补偿策略与机制的系统性研究。对于征地拆迁补偿利益相关主体的行为规律研究仍不充分也是造成征地补偿机制针对性与科学性相对较差的重要原因。同时，补偿方式多侧重短期生活稳定，缺乏对被征地农民后期生活质量改善保障政策的研究。征地拆迁安置补偿政策落实的任何一个环节做不好都会影响安置补偿效果，不仅影响居民后期生活质量，更为重要的是会阻碍我国新城镇化建设进程。所以，形成多层次、多主体的征地拆迁补偿保障体系迫在眉睫。

解决新城镇化过程中的被征地农民补偿问题，较为有效的思路就是以公众满意为前提，完善现有征地拆迁补偿政策，探索创新新城镇化征地拆迁补偿模式，丰富安置补偿方法，设计征地拆迁补偿机制的有效实现路径，最大限度地保障被征地农民的诉求和利益，使其享有城镇化效益。因此，剖析目前被征地农民安置补偿过程中存在的问题，从政策保障和制度落实等方面开展新城镇化征地拆迁补偿复合保障机制研究，将成为学界亟待研究的重要学术问题之一。

1.3
研究目的与内容

1.3.1　研究目的

本书重点聚焦提升新城镇化被征地农民生活质量，围绕面向公众满意的复合补偿机制构建以及面向复杂多主体的复合补偿机制实现路径等方面，对现有征地拆迁补偿政策和相关制度的制定执行进行完善。其中，复合补偿机制方面将通过运用人力资本理论、利益相关者理论、聚类分析等方法形成因地制宜、政策与需求相匹配的科学补偿保障机制；补偿实现路径方面将在科学合理的复合保障机制的基础上，从农民福利角度出发，完善社会保障补偿政策体系，构建被征地农民的补偿机制实现路径，为政府实施征地补偿政策提供科学有效的指导与依据，提高新城镇化被征地农民的生活质量与满意度。

1.3.2 研究内容

本书的核心分为四个部分。第一,通过梳理征地拆迁补偿政策及其发展历程,针对被征地农民的不同需求,构建不同的政策工具箱,形成基于农民需求的补偿政策工具选择分析框架。同时,构建政策执行工具效果评估准则,以保证政策工具的执行效果。第二,在征地补偿政策工具选择分析框架基础上,针对被征地农民的特征,构建被征地农民劳动力能力评估模型,分析其与补偿政策之间的差异。第三,以社会公平正义为出发点,构建被征地农民利益公平偏好的分类模型,形成差异化的补偿机制设计。第四,基于农民福利视角构建补偿机制的关键绩效评价指标和测度模型,从而设计被征地农民补偿机制的实现路径。逻辑框架如图1-1所示。

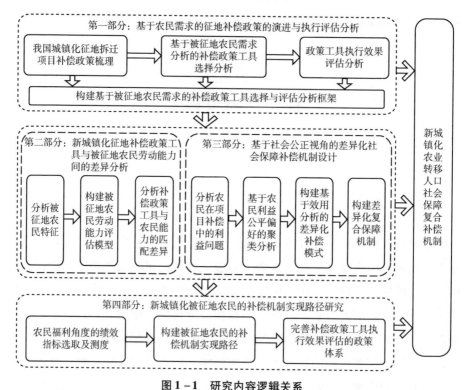

图 1-1 研究内容逻辑关系

资料来源:笔者自绘。

第一部分：基于农民需求的征地补偿政策的演进与执行评估分析。通过剖析我国城镇化征地拆迁项目补偿政策分析我国现有补偿政策的不足。基于农民需求分析各利益相关方（政府、公众、开发商等）利益诉求的冲突点，并构建利益相关者需求的政策工具选择分析框架，为之后设计科学合理的复合补偿机制做铺垫。具体研究内容如下。

（1）我国征地补偿政策的发展脉络梳理。首先，梳理我国1949年以来的政策文件，以时间和内容维度明晰关于征地补偿的具体规定；其次，在此基础上根据补偿内容的侧重点和时代背景的不同，划分我国征地补偿政策发展的阶段；最后，形成我国征地补偿政策的发展历程。

（2）基于被征地农民需求分析的补偿政策工具选择。首先，基于社会排斥理论和马斯洛需求层次理论，从生存需求、保障需求、情感需求和发展需求四个层次梳理被征地农民的不同需求所包含的内容；其次，针对不同需求层次，对补偿政策工具进行分类，选取北京、辽宁等七个省区市的政策文件为分析对象，对照不同需求，形成不同类型的政策工具箱；再次，进一步对四个需求层次的政策工具从管制性、信息性、经济性、市场性等方面进行政策内容分析；最后，结合征地补偿政策的发展阶段和不同阶段农民的需求重点，从多个维度构建基于农民需求分析的补偿政策工具分析框架。

（3）政策工具执行效果评估分析。首先，从政策评估的重要作用、政策组成、政策流程和利益相关者角度确定评估体系和步骤；其次，从被征地农民的四个需求层次确定政策工具执行效果评估准则；最后，构建政策评估模型并进行实证分析。

第二部分：新城镇化征地补偿政策工具与被征地农民劳动能力间的差异分析。补偿政策在执行过程中应该与被征地农民的需求相适应，而现有的政策补偿体制往往存在"一刀切"的情况。如果安置补偿方案忽略了被征地农民的内在需求，仅着眼于简单的即时利益补偿分配，会出现严重的缺陷，导致资源得不到有效分配、被征地农民的生活得不到长期的有效保障，征地补偿的政策也会受到质疑。另外，农民是否响应征地取决于自身需求在征地补偿中是否得到满足。针对不同被征地农民的需求，匹配出相应的政府补偿政策，有助于提升被征地农民的幸福感和满意度，有效推动新城镇化进程。具体研究内容如下。

（1）分析被征地农民特征。在征地补偿过程中必须要考虑到被征地农民的个人特征以及被征地农民的劳动能力，以评估被征地农民是否能通过就业安置等方式获得稳定的生活方式与收入来源，或者是需要采用安置补偿与社会保障等方式满足其生理和安全需要。从教育程度、工作技能、身体素质和其他因素评判被征地农民是否会因为失去土地而难以维持长久生计。

（2）评估被征地农民劳动能力及构建评估模型。首先，在界定劳动能力内涵的基础上，从国内的劳动能力鉴定、国际分类、世界卫生组织（World Health Organization，WHO）的评定量表等方面确定劳动行为能力评估的内容；其次，根据劳动行为能力评估的内容和被征地农民的个人特征构建被征地农民劳动能力评价指标，确定指标的权重；最后，构建劳动能力评估模型并进行评估分析。

（3）分析被征地农民劳动能力与补偿政策工具间的匹配差异。首先，分析无劳动能力的被征地农民社会保障不足、有劳动能力的被征地农民遭遇就业困境以及自主创业的被征地农民得不到足够支持等相关匹配失衡现象；其次，从货币补偿政策、就业安置保障、农民个人意愿、创业环境因素等方面分析补偿政策工具与劳动能力失衡的原因；最后，从完善货币政策补偿体系、加强被征地农民素质教育、对有能力的农民自主创业进行扶持、帮助农民转变观念等角度提出改善失衡的对策建议。

第三部分：基于社会公正视角的差异化社会保障补偿机制设计。针对新城镇化征地拆迁项目制定的补偿政策，主要目的是保障并提升被征地农民的后续生活质量，减少群体冲突并维护社会的和谐稳定。为了达到公众满意、政府顺利、社会效率提升的"维稳状态"，则需要通过科学合理的政策制定以及政策执行来实现。其中，制定科学合理的征地拆迁复合补偿机制需要在分析被征地农民利益冲突与行为表现的基础上，构建被征地农民利益偏好的分类模型，从偏好需求着手，把握补偿政策的准确性，最终形成基于被征地农民利益偏好分类的差异化补偿模式，从政策长效性、多样性、动态性等角度保证补偿机制的适用性，最大限度提升政策效率，减少社会冲突。具体研究内容如下。

（1）被征地农民与政府在项目补偿事件中的利益冲突与行为表现。我国的产权制度确定了农村土地的所属关系，土地产权经历了三次重大变革，土地的经济价值不断提升，农民与征迁者之间对土地增值收益的分配矛盾日益突出。因此，需要从征地补偿利益冲突的表现出发，分析被征地农民与政府以及征迁者之间的利益矛盾点。

（2）构建基于被征地农民利益公平偏好的分类模型。在制定补偿措施的过程中，在公平补偿理论基础上，针对农民的需求层次，根据目前对农户类型划分的标准，从非农收入占比、家庭人均健康水平、家庭人均教育水平、征地面积占比、劳动力比、负担比六个方面进行划分，并确认相应的等级得分。该分析模型可以有效分析出被征地农民的偏好聚集结构：同一聚集内成员偏好相对类似，不同聚集内成员偏好分歧较大。

（3）基于分类模型的差异化补偿模式效用分析。在以利益偏好分类模型对目标补偿群体进行分类的基础上，分别针对留地安置补偿、就业安置补偿、住房安置补偿、土地入股补偿、社会保障安置补偿、农业安置补偿等进行效用分析，构建差异化补偿模式。

（4）基于短期经济补偿与长期社会保障的补偿机制设计。在明确征地补偿受益主体和征地补偿范围的基础上，针对被征地农民补偿的生存、保障及发展的需求，将补偿政策与不同类型的被征地农民进行精准匹配；针对土地增值的二次分配等问题，制定土地"入股分红"等动态补偿措施，从两方面形成差异化社会保障补偿机制。

第四部分：新城镇化被征地农民的补偿机制实现路径研究。公平合理的利益补偿机制的落实需要合理路径实现，因此需要设计征地拆迁复合补偿机制实现路径。判断社会保障补偿机制的设计是否合理，首先要对其补偿绩效进行测评，明晰存在的问题，构建设计征地拆迁复合补偿机制实现路径，并提出政策保障体系。具体研究内容如下。

（1）绩效指标选取及测度模型构建。为了更全面地反映征地补偿机制的绩效，在此将征地补偿机制实施过程分为两个方面：征地补偿机制的执行和征地后农民的状况及政策影响。从这两方面入手，从政府和农民两大主体的角度识别征地补偿绩效关键指标。其中，征地补偿的执行包括征地补偿安置和保障状况两部分，征地补偿后农民的状况及政策影响包括居住环境、生活水平和政策影响效果三部分。评价指标体系构建完成后，提出征地补偿绩效测度模型。

（2）被征地农民的补偿机制实现路径。从政府视角出发，建立包括补偿对象确定、补偿范围确定、补偿标准确定、补偿分配和补偿评估五大方面的征地补偿机制全过程实施路径。

（3）基于补偿政策工具执行效果评估的政策体系完善。从征地补偿过程中的两大主体——政府和农民入手，分析各自在征地补偿机制实施过程中所扮演的角色和所起到的作用。从政府角度，结合第 2 章中对政策工具的描述，将政策工具引入征地补偿机制的实施过程中，切实提高征地补偿机制的实施绩效。从农民角度，设计征地补偿过程中公共参与的实施路径。

1.4
研究方法

本书通过对问题的凝练，按照"剖析问题，归纳需求，制定机制，实现路径"的研究思路，基于多利益相关方、公众参与等原则展开新城镇化征地拆迁项目复合补偿保障体系研究。将 ELECTRE 法（elimination et choice translation reality）、层次分析–模糊综合评价法（analytical hierarchy procedure-fuzzy comprehensive evaluation method，AHP-Fuzzy）和网络分析法（analytic network process，ANP）等运用到本书研究过程中，以实现本书的研究目标。具体的研究方法如下。

第一部分：基于农民需求的征地补偿政策的演进与执行进行评估分析。该部分研究内容采用系统分析的思想，首先运用文献回顾、问卷调研、对比分析、归纳演绎等方法系统梳理我国城镇化征地拆迁项目补偿政策，并分析当前补偿政策的问题与不足。在此基础上，基于社会排斥理论和马斯洛需求层次理论，分析被征地农民的补偿需求，并据此形成不同类型的政策工具箱。其次，从时间、农民需求和政策工具多个维度构建基于农民需求分析的补偿政策工具分析框架。最后，基于 ELECTRE 法构建政策评估模型，并通过问卷调查和搜集数据的方式进行实证分析。

第二部分：新城镇化补偿政策工具与被征地农民劳动能力间的差异分析。该部分研究采用层层递进的思想，首先基于人力资本理论、可持续性生计框架以及文献回顾等方法系统分析被征地农民的特征进而辨析农民劳动能力差异的成因；其次通过归纳演绎、逻辑框架等方法确定被征地农民劳动能力评估指标，进而运用 AHP-Fuzzy 综合评价法构建被征地农民劳动能力评估模型；最后基于文献回顾等方法对匹配差异进行分析。

第三部分：基于社会公正视角的差异化社会保障补偿机制设计。该部分研究内容主要从社会公正的视角设计针对被征地农民的差异化社会保障补偿机制。一方面，利用利益相关者理论、产权理论分析被征地农民的利益冲突和行为表现；另一方面，基于公平补偿理论和需求层次理论分析被征地农民的需求偏好，并基于需求偏好从多个维度对农户进行分类分析，结合不同的征地补偿方式分别对不同类别的农户群体进行效用分析，构建差异化补偿模式。最后，基于短期经济补偿与长期社会保障的原则，构建包含货币补偿、社会保障和差异化补偿的"2 + X"差异化社会保障补偿机制。

第四部分：新城镇化被征地农民的补偿机制实现路径研究。采用文献综述法从征地补偿安置和保障状况、居住环境、生活水平以及政策影响效果四个方面选取征地补偿机制关键绩效指标，并通过 ANP 法构建征地补偿机制绩效测度模型。在此基础上基于利益相关者理论，采用归纳演绎法建立被征地农民补偿机制的实现路径。

1.5

技术路线

本书采用文献回顾、实地调研等方法梳理了我国城镇化建设征地拆迁补偿政策并辨析其不足，通过 AHP-Fuzzy 综合评价法构建农民能力评估体系并对补偿政策工具与农民劳动能力间的差异进行分析，基于理论分析法（利益相关者理论、产权理论、公平补偿理论等）以及效用分析构建差异化社会保障补偿机制，最后通过 ANP 法实现农民福利角度的绩效测度，进而提出补偿机制实现路径。具体技术路线如图 1 - 2 所示。

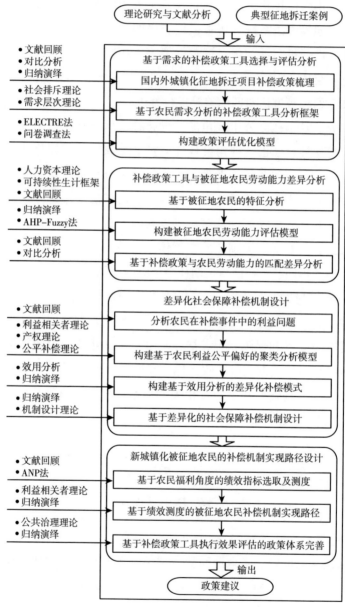

图 1 - 2　研究技术路线

资料来源：笔者自绘。

第2章

基于农民需求的征地补偿政策的
演进与执行评估分析

2.1
我国征地补偿政策的发展脉络

2.1.1 政策文件梳理

1953年，国家颁布第一部与征地补偿政策相关的法律《国家建设征用土地办法》，用于保障土地资源和被征地农民生活条件。1958年，《国家建设征用土地办法》第一次修订，扩大了征地补偿的范围，同时降低了土地补偿标准。1982年的《国家建设征用土地条例》小幅增加了土地补偿标准，完善了征地程序与被征地农民安置方式。1998～2004年《中华人民共和国土地管理法》进行的修订也只是小幅度将土地补偿标准提高至平均年产值的6～10倍。直到2012年《中华人民共和国土地管理法（修改草案）》（征求意见稿）中指出，征地补偿要按照土地原用途相应补偿，坚持同地同价、公平合理和及时足额的补偿原则。可以看到，在补偿原则上除了进一步对征地补偿程序的不断完善之外，在被征地农民安置途径上新增了社会保障制度，此次的修改草案征求意见稿在征地补偿标准新思路上已有雏形。2017 年的《中华人民共和国土地管理法（修正案）》（征求意见稿）则是从征地补偿原则、土地补偿标准等多个方面进行了实质性的改变，第一次在法律文件中明确提出区片综合地价概念。表 2-1 统计了自 1949 年以来关于征地补偿的重要文件及其中的有关规定。

2.1.2　我国征地补偿政策发展历程

根据以上政策文件中有关征地补偿的内容，结合时代背景的不断变化，整理出我国征地补偿政策发展的三个阶段。

第一阶段：1953～1981 年，中国经济经历了从计划经济体制向市场经济体制的转型，1978 年改革开放拉开了城市经济体制改革的大幕。1953 年，中国政务院（即国务院）发布了第一部有关土地征用的立法——《国家建设征用土地办法》，该法律成为新中国保障被征地农民权益的基石，之后颁布的相关法律也都是在此基础上进行调整。在改革前期（1950～1970 年），工作性质大部分为劳动密集型，被征地农民就业转换相对容易，故此阶段的补偿政策并没有关注被征地农民的再就业问题。同时，在计划经济体制下，房屋不具有商品属性，土地不具备市场属性，也完全不受市场支配。在补偿原则上，国家集体利益高于个人，具有补偿形式单一、补偿力度小的特点。这一时期为中国征地补偿政策发展的起步阶段，该阶段的特点是补偿力度小，形式简单，国家利益高于个人利益。

第二阶段：1982～2012 年，中国的城镇化建设从稳步发展阶段进入快速发展阶段。旧的经济体制分配的土地补偿金逐渐无法与以市场为导向的城市发展相匹配，故 1982 年提高了补偿标准，且在法律条文中体现相关程序监管的意识。自 1992 年起，社会主义市场经济的到来使土地资源的利用更加多样和自由，由此带来的土地问题也随之显露，如农民集体土地"先征后让"，不顾农民的利益；炒卖土地现象严重，将土地资源随意处置造成国有资产流失等。不仅如此，还带来了社会性、系统性的问题，如土地转移的增值收益分配不合理导致贫富差距变大；地方政府低成本征偿，使农民的权益受到极大

表 2－1　1949 年以来主要政策文件关于征地补偿的规定

年份	政策文件	补偿范围	土地补偿标准	安置方式	补偿原则	程序监督
1953	《国家建设征用土地办法》	土地补偿费	最近 3～5 年产量的总值	仅列举安置方向	适当照顾个人利益，服从国家利益和人民长远利益	—
1958	《国家建设征用土地办法》	土地补偿费、地上附着物以及青苗补偿费	2～4 年产量总值	同上	照顾当地人民的切身利益，对被征用土地者生产和生活有妥善的安置	—
1982	《国家建设征用土地条例》	土地补偿费、安置补助费、地上附着物和青苗补偿费	耕地年产值的 3～6 倍，年产值按照 3 年平均值计算	列举了详细的安置途径	—	首次提到对滥占滥用补偿费予以处罚
1988	《中华人民共和国土地管理法》	同上	3～6 倍平均值	—	—	—
1998	《中华人民共和国土地管理法》（修正案）	同上	6～10 倍平均值	—	被征收土地的原用途补偿	首次要求补偿费用的收支监督，接受监督
2004	《中华人民共和国土地管理法》（征求意见稿）	同上	6～10 倍平均值	新增社会保障制度	增加同地同价，公平合理，及时足额补偿的原则	—
2012	《中华人民共和国土地管理法（修改案）（征求意见稿）》	新增征地中的农村房屋拆迁补偿制度	根据当地经济、土地资源等各方面综合因素确定	新增社会保障制度	原用途返给予补偿	新增土地用途转用许可审查等内容
2017	《中华人民共和国土地管理法（修正意见稿）（征求意见稿）》	增加宅基地及房屋补偿，提高社会保障费用	由省、自治区、直辖市合理自主制订区片综合地价	先补偿后搬迁，并要求列举安置途径	个人可合理分享土地增值收益，长远生计有保障，原有生活水平不降低	增加实行土地监察制度

损害。这些问题的暴露促使新的法律法规出台，以约束整顿土地市场的混乱，保障农民自身利益不受损害。城镇化快速发展以及土地制度改革虽然有序进行，但依旧拘泥于以前的补偿政策框架。该阶段的特点是补偿力度有较大提升，但是补偿价值依旧桎梏于土地的当前价值，即开始注重补偿的公平合理，但依旧处于探索的阶段。

第三阶段：从 2012 年开始，中国征地补偿制度进入了一个新的时代。改革开放的 30 多年来，广大农户牺牲自我利益，贡献了大量的农村集体土地，创造了我国快速发展的城镇化奇迹。地方政府、房地产开发企业共同享受了农村土地征用带来的红利，而被征地农民所分配到的利益则十分微薄。在这个强调"以人为本""公平公正"的时代，被征地农民的诉求与发展问题亟待解决。2012 年的修正案草案明确了以公平补偿为原则，在最新的征求意见稿中也明确提出被征农民有权享受土地增值收益，这与此前"按照土地原用途给予补偿"原则有质的区别。同时在补偿内容上增加社会保障与住宅，补偿标准大幅度提升，这一时间节点意味着中国低成本、快速城镇化的过程宣告结束，有力保障了被征农民的利益，征地拆迁补偿政策进入了不断完善阶段。三个阶段发展脉络如图 2 - 1 所示。

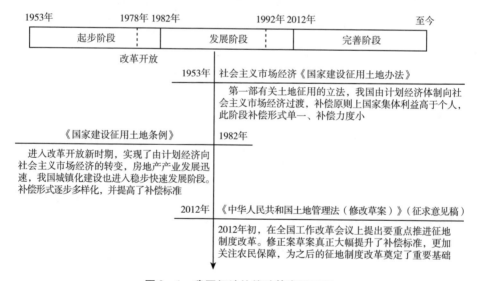

图 2 - 1　我国征地补偿政策发展历程

资料来源：笔者自绘。

2.2

被征地农民的需求分析

被征地农民是指自身赖以生存的土地因工业化、城镇化进程的需要而被征收，被迫失去土地的同时会得到某些形式的补偿，并可能由农民身份转向城市居民身份的一个群体。土地对于农民来说不仅是生存基础，也是具有归属感的寄托。被征地农民在失去土地而流向城镇的过程中，其工作、价值观、生活习惯与城镇社会结构存在诸多矛盾。失去原有的物质保障，进入陌生的生活环境，被迫向市民身份转化却缺乏相应的立身技能，受到制度和社会文化等方面的排斥都会造成被征地农民的边缘化。毫无疑问，这些社会排斥给农民的生存和发展带来了挑战。由于政策研究的目标就是让社会资源以更合理、更公平的方式分配给大众，因此政府在解决被征地农民的社会排斥问题上具有重大作用。同时，社会排斥理论也推动着我们从需求的角度来思考政府如何保障被征地农民的权益，让我们关注到这一群体不仅需要货币、房屋类的补偿，他们还需要制度上的身份转化、情感上的真正融入以及脱离土地后依旧享有平等的就业权等。

根据马斯洛需求层次理论，需求是会随着社会地位和环境逐渐变化的，中国已经总体进入小康社会，人们不再满足于吃饱穿暖而逐渐追求更高层次的需求。根据学者研究和有关理论，被征地农民的需求可以划分为四个层次：生存需求，让被征地农民的衣食住行有着落；保障需求，让他们病有所医、老有所养，缩小与城市居民的福利政策差距，减小制度排斥；情感需求，保证被征地农民的自身诉求被有效传达，降低其在融入城市生活中受到的社会排斥的影响；发展需求，即通过培训或动态补偿等方式对就业或创业给予支持，减少劳动力市场排斥，相当于间接地提供了长期补偿。不同需求层次所包含的内容如表 2－2 所示。

表 2－2　　　　　　　　　不同需求层次所包含的具体内容

生存需求	保障需求	情感需求	发展需求
经济需求 居住需求	养老保障 医疗保障 失业保障	社会认同感 公众参与感 社会公平感	创业就业支持 动态补偿需求

资料来源：笔者自制。

2.3

基于被征地农民需求分析的补偿政策
工具选择分析

2.3.1　补偿政策工具分类

政策工具的分类有多种标准，克里斯托弗·C. 胡德（Christopher C. Hood）提出所有政策工具的实施都与四种"政府资源"相关，即政府利用网络中心性带来的信息优势、指挥管理的法律权利、财务手段（资助、税收）、部署资源以构建所需的组织和市场并提供商品和服务。徐媛媛根据"资源"对政策工具进行划分并提供分类标准，实现了理论对话和实践沟通上的可行性，而且也满足类型学中寻找观察对象一致属性的要求。[①] 以资源为分类依据，可将政策工具划分为管制性、经济性、信息性、动员性以及市场性五种类型。管制性政策工具主要表现为发布和出台法律法规的形式，依赖于政府的权威资源；经济性政策工具主要是一些财务手段，比如征收税款、提供补助、给予贷款优惠等；信息性政策工具以信息为媒介成为公众环境中的支持或者抑制效应器，[②] 用于控制舆论、感知民意，有倾向性地使政策更易被接受并按照政策目标的期望行动，具体的表现形式为教育与劝诫、广告宣传、公示公告等。对于不同的政策目标，只有选择合适的政策工具，才可以在政策实施过程中发挥应有的作用。下面从被征地农民的四个不同需求层次对所使用的政策工具进行具体分析。

本书选取辽宁、北京、广东、江苏、湖南、陕西、云南作为分析对象，

---

① 徐媛媛，严强. 公共政策工具的类型、功能、选择与组合——以我国城市房屋拆迁政策为例 [J]. 南京社会科学, 2011 (12): 73 –79.

② Taeihagh A. Crowdsourcing: a new tool for policy-making? [J]. Policy Sciences, 2017, 50 (4): 629 –647.

通过搜集有关政策文件（如表 2 - 3），按照征地农民的需求，将主要使用的政策工具进行汇总（如表 2 - 4）。

表 2 - 3　　　　　　　　　　本研究所使用的政策文件

序号	文件	年份
1	《国家建设征用土地办法》	1953
2	《国家建设征用土地办法》（第一次修订）	1958
3	《国家建设征用土地条例》（第二次修订）	1983
4	《中华人民共和国土地管理法》	1988
5	《中华人民共和国土地管理法》（第一次修订）	1998
6	《中华人民共和国土地管理法》（第二次修订）	2004
7	《中华人民共和国土地管理法（修改草案)》（征求意见稿）	2012
8	《中华人民共和国土地管理法（修正案)》（征求意见稿）	2017
9	《国务院关于深化改革严格土地管理的决定》	2004
10	《对征用农民集体所有土地补偿费管理使用情况开展专项检查的意见》	2004
11	《关于完善农用地转用和土地征收审查报批工作的意见》	2004
12	《关于完善征地补偿安置制度的指导意见》	2004
13	《北京市征地补偿费最低保护标准》	2004
14	《北京市建设征地补偿安置办法》	2004
15	《北京市征用土地公告办法》	2004
16	《北京市关于完善征地超转人员生活和医疗保障工作的办法》	2015
17	《广东省交通基础设施建设征地拆迁补偿实施办法》	2003
18	《广东省关于做好被征地农民就业培训和社会保障工作的通知》	2006
19	《广东省关于做好被征地农民基本养老保障工作意见的通知》	2007
20	《广东省征收农民集体所有土地各项补偿费管理办法》	2008
21	《广东省关于进一步做好我省被征地农民养老保障工作意见的通知》	2010
22	《广东省征地补偿保护标准》（2016 年修订）	2016
23	《湖南省人民政府办公厅关于切实做好被征地农民社会保障工作的通知》	2016

续表

序号	文件	年份
24	《湖南省人民政府关于公布湖南省征地补偿标准的通知》（2009）	2009
25	《湖南省人民政府办公厅关于进一步规范铁路建设项目征地拆迁工作的通知》	2010
26	《湖南省征地补偿标准》（2018 年修订）	2018
27	《江苏省土地管理条例》	2004
28	《江苏省征地补偿和被征地农民基本生活保障办法》	2005
29	《江苏省政府关于调整征地补偿标准的通知》附江苏省征地补偿标准地区分类表	2011
30	《江苏省征地补偿和被征地农民社会保障办法》	2013
31	《江苏省关于省交通重点工程建设项目征地补偿安置的实施意见》	2016
32	《江苏省政府办公厅关于严格落实社会保障切实做好征地补偿安置工作的通知》	2017
33	《辽宁省人民政府关于做好征地补偿安置工作切实维护农民合法权益的通知》	2004
34	《辽宁省高速公路建设征地动迁补偿实施方案》	2005
35	《辽宁省被征地农民社会保障暂行办法》	2005
36	《辽宁省征地补偿安置争议裁决办法》	2007
37	《辽宁省关于农村集体土地征地补偿费用分配、使用和管理的意见》	2008
38	《辽宁省人民政府办公厅关于实施征地区片综合地价标准的通知》	2010
39	《陕西省关于切实做好被征地农民就业培训和社会保障工作的实施意见》	2007
40	《陕西省建设项目统一征地办法》（2011 年修订版）	2011
41	《陕西省人民政府办公厅关于开展征地拆迁制度规定落实情况专项检查的通知》	2011
42	《陕西省人民政府办公厅关于开展维护被征地农民合法权益专项清理清查工作的通知》	2013
43	《陕西省征地统一年产值平均标准及区片综合地价平均标准》	2018
44	《云南省土地管理条例》	2004
45	《云南省被征地农民基本养老保障试行办法》	2008
46	《云南省十五个州（市）征地补偿标准》（修订）	2014
47	《云南省改革完善被征地农民基本养老保障政策试点工作方案》	2016
48	《云南省人民政府办公厅关于改革完善被征地农民基本养老保障的指导意见》	2019

资料来源：笔者自制。

表 2 - 4　　　　　　　　征地补偿政策工具汇总

需求层次	政策工具	类型	描述
生存需求	制定补偿标准	管制性	通过《土地管理法》等制定补偿范围、补偿原则和补偿标准，确保被征地农民的利益
	货币补偿	经济性	给予土地补偿费、安置补偿费、地上附着物及青苗费，征收耕地的土地补偿费等
	安置房、宅基地建房	管制性	为被征地农民提供安置房或宅基地建房，保证居住需求得到满足
保障需求	养老保险、社保医保	经济性	为被征地农民缴纳养老保险、社保、医保等，直接从征地补偿扣除
	低保	经济性	符合相关条件的被征地农民纳入当地最低生活保障范围
	就业优惠政策	管制性	在符合各方规定的前提下，优先为被征地农民提供就业机会，享受就业优惠政策
情感需求	"农"转"非"	管制性	将被征地农民的农业户口转为城镇户口，并享受城镇居民的社会保障
	"村改居"	管制性	纳入城镇范围，实行城市社区管理，在建设和管理上都向城镇化迈进
	征集意见、民主决策	动员性	对"征地补偿标准"和移民安置方案等要广泛征求意见
	征收公示、听证制度	信息性	通过发布征收公告、公示征收补偿方案、执行行政裁决公示制度和征收听证制度等方式保证信息公开透明
	建立监察制度	管制性	认真查处农村集体土地征地补偿费用的分配、使用和管理过程中存在的违法违纪问题，确保补偿公平公正
发展需求	就业创业培训	信息性	组织就业前培训、劳动技能培训，同时对有意愿创业的人员提供创业培训
	贷款、税收优惠	经济性	了解被征地农民经商办厂、自主就业等情况，优先给予贷款机会及税费优惠等
	入股投资	市场性	允许农村集体经济组织利用土地或征地补偿费入股及其他形式参与到政府盈利性项目开发建设中去，以获得长期收益
	制度改革试点	管制性	扩大集体非农业建设用地使用制度改革试点范围，探索增加收益的新制度

资料来源：笔者自制。

2.3.2　基于需求的政策工具选择分析

1. 生存需求层次的政策工具分析

生存需求主要包括经济需求与居住需求两部分，在征地补偿政策中体现在直接经济补偿与被征地农民的安置补偿上。从时间上看，直接经济补偿力度是逐年加大的，并且有进一步提高的趋势，多地征地价格和部分补偿标准近几年来均上调 20%~30%。同时，大部分省份每 2~5 年调整一次征地补偿标准以适应当地的发展水平。管制性政策工具的使用也更加完备，不仅健全了监督审查机制，还规范了补偿程序。从地域上看，各地区因地制宜，虽然在补偿标准绝对值上差别较大，但是基本贯彻"一地一价"的补偿原则。目前征地补偿的原则是被征农民不因征地而使生活水平下降。在我国的社会背景下，居住水平是衡量被征农民生活水平是否下降的关键因素。住房与土地的地理性质和地块性质有很大关系，所以在安置补偿费上，各地差异巨大，但都应该严格遵循一地一价的原则以保证征地补偿的公平合理。

在农民的生存需求上，政府通常采用管制性政策工具和经济性政策工具。其中经济性政策工具主要基于补贴、拨款等财政工具对被征农民给予货币补偿，二者都是高强制性政策工具，十分考验政府的政治权威和执政能力。由于征地补偿具有地域性，被征农民的安置补偿与当地的房价、物价息息相关，所以各地制定的补偿标准，尤其是经济补偿相对来说差别较大。管制性政策工具利用政府的权威资源，通过制定法律法规对地方政府和土地开发商进行约束，规定补偿原则、补偿标准、补偿程序，并对每个环节进行监督。

2. 保障需求层次的政策工具分析

被征地农民的保障需求主要体现在三方面，包括养老、医疗和就业保障。中国目前的保障制度和救济制度尚未完善，养老保险和医疗保险等城市社会保障制度还未完全覆盖到农村地区，从制度层面上妥善保障被征地农民养老、医疗及就业需求是实现长久生计的基本条件。在这一方面，各地的做法基本一致，仅在补偿细节上略有差异。从时间上来看，国家层面上提出增加社会保障制度是 2012 年，但很多地区从 2004 年开始已经在安置补偿办法里提到社会保障。

　　为了满足被征地农民的需求，经济性政策工具依旧处于核心地位，辅以管制性政策工具。政府利用土地出让金和调剂资金为被征地农民缴纳养老保险、医疗保险或统筹保险，并对被征地农民获得补偿的社会保障资金、社会保障资金增值部分、领取的养老保障金这三部分实施免征税费的优惠政策。同时制定一系列就业优惠政策，保障因失地而失业的农民尽快就业。相关政策各地区大同小异，从内容上来说，几乎都涵盖了养老、医疗以及失业保障，方式上也基本为缴纳养老保险、医疗保险以及享受当地的一系列优先就业政策，主要差别在于当地养老保障以及医疗保障机制自身的差异。

3. 情感需求层次的政策工具分析

　　被征地农民的情感需求主要涉及社会公平感、社会认同感和公众参与感三部分。目前，对被征地农民的研究主要集中在制度层面和物质层面，忽视了心理层面，呈现出重经济福利、轻文化心理的特点。早在新中国成立初期，政府就利用户籍制度实现城乡间劳动力流动的调动与调控、资源与社会福利的分配利用，在如今解决农业转移人口的相关问题上也不例外。一方面，"农"转"非"是实现被征地农民身份转变和获得社会认同感的一种主要政策工具，而"村改居"是通过城镇建设与规划来提供和城镇居民无差别的基本公共产品和公共服务。另一方面，通过城市社区管理以及居委会群众自治组织等动员性政策工具和信息性政策工具进行宣传引导，使被征地农民更好地适应新的居住环境。如在征地之前广泛收集民意，在征收过程中对补偿和安置方案进行公示——各个省份都广泛采用了行政裁决公示、征收听证以及"两公告一登记"等制度，使被征地农民享有知情权，提高被征地农民的满意度。

　　被征地农民情感需求的满足，主要依靠信息性、管制性与动员性政策工具之间的配合，这与生存需求和保障需求所使用的政策工具有较大的不同。信息性政策工具通过传递信息、文化和价值观念，引导被征地农民的心理、态度以及行为偏好发生变化，其表现通常包括信息传递和文化教育这两种形式。公示制度和听证制度发挥了信息的传递作用，使被征地农民深入了解征地过程以及自己可以获得的权益，这种透明和互动提高了他们的参与感和社会公平感。政府信息公开以及宣传教育的开展能够帮助他们更快地适应城镇生活，成为被征地农民情感上的依靠。技能和就业培训、政策讲解与城镇化知识普及等活动也发挥了文化教育的作用，有效调整了政策目标群体的行动选择。这几类政策工具协调使用，不仅能够提高被征地农民的综合素质与在城镇生活的知识技能，同时还能帮助被征地农民在情感上更快融入新的环境中。结合以上分析，在针对情感需求的满足上，信息性政策工具和动员性政策工具更加有效。这两项政策工具的使用，能够使信息更加公开以保证公平。各组织的动员能够在情感上迅速拉近与群众之间的距离，使工作推动起来更加容易。但即使如此，建立管制性政策工具依旧不可缺少，它能有效地减少征地补偿分配中违纪违法的问题出现，从而利于其他政策工具的有效实施。

4. 发展需求层次的政策工具分析

被征地农民的发展需求包括了具有创业就业意向的农民获得相应支持以及长久的多样化征地补偿的动态增长。因此，本书将发展需求进一步划分为创业就业支持需求和动态补偿需求。首先，在创业就业支持方面，政府广泛使用经济性政策工具和信息性政策工具。经济性政策工具包括税收贷款、金融政策优惠和优先提供合适就业岗位；信息性政策工具主要包括就业、创业等技能培训，帮助被征地农民提升综合素质，增强竞争力。其次，在动态补偿方面，政府近几年进行了多种形式的大胆探索，包括入股投资、给予政策支持、对集体非农业建设用地建立制度改革试点等。市场性政策工具的使用在一定程度上提高了补偿机制的效率。

从纵向发展来看，直到提出"保障农民的原有生活水平不降低"的补偿原则，被征地农民的发展需求才逐渐受到人们关注。在此之前，补偿焦点主要集中在生存需求与保障需求层次。目前被征地农民的发展需求主要依赖于经济性政策工具、信息性政策工具和市场性政策工具。相较于其他需求层次来说，其使用的政策工具是最为多样灵活的，虽然处于探索创新阶段，但各地积极开展政策试点，制度创新已在孕育过程中。

2.3.3 政策工具与实施阶段、被征地农民需求之间的多维关系

结合之前归纳的征地补偿发展阶段以及不同阶段被征地农民的需求重点，

对我国征地补偿政策进行多个维度分析，最终形成了一个相互联系的框架图，如图 2 - 2 所示。

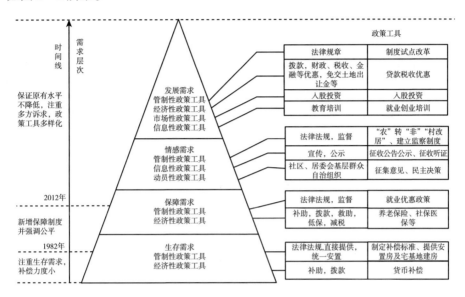

图 2 - 2　被征地农民需求层次与政策工具关系

资料来源：笔者自绘。

从时间上来说，1953~1982 年注重生存需求，对被征地农民的补偿力度也较小，这一时期主要利用经济性政策工具和管制性政策工具来保证农民的生存需求；1982~2012 年，在生存需求的基础上对保障需求的满足提上日程，不仅增加了一系列保障制度，并且强调公平公正，包括在满足要求的情况下给予就业优惠政策、提供医保、社保和低保等，主要使用的政策工具同样为经济性政策工具和管制性政策工具；2012 年至今，被征地农民的情感需求和发展需求受到了关注，政策补偿工具也逐渐多样化。情感需求主要使用管制性、信息性和动员性政策工具，具体包括民主意见征集、公告公示、听证制、"农"转"非""村改居"、建立监察制度等，发展需求包括培训、贷款税收优惠、入股投资、制度试点改革等。

政策工具作为实现政策目标的利器，用来平衡复杂多变的征地补偿问题。针对不同需求，所使用的政策工具也有所不同。图 2 - 2 总结了不同需求所使用的政策工具及其类别，对于保障、生存类基础需求，经济性政策工具和管制性政策工具更为直接有效。但随着经济社会环境的变化，被征地农民的需求层次不断提高，相应的补偿原则也在不断变化，所使用的政策工具也更为多样全面。管制性政策工具奠定了基础，经济性政策工具是最直接有效的推手，信息性政策工具是环境探测器和舆论调节器，动员性政策工具协调各方组织部门的力量，提高政策执行效率，而市场性政策工具则广泛推进政策试点，寻找合适的土壤。大部分省份为了防止政策工具滞后以及与环境耦合度低等问题的产生，会保持 2～5 年的政策更新频率，但目前我国的征地补偿有关政策仍需探索创新政策工具以实现更高的发展需求。

2. 4

基于 ELECTRE 法的政策工具执行
效果评估分析

建立针对选择的政策工具设置执行效果评估框架，有助于监督保障补偿机制的落实，使被征地农民真正享受到补偿政策带来的利益。政策工具的执行过程会涉及多个利益相关者，如被征地农民、政府、村集体等。各利益相关者诉求和偏好不同，需构建不同的政策工具组合方案，在综合评估方案优劣的基础上决定如何实施补偿政策。多准则决策方法广泛应用在考虑偏好结构的基础上对方案进行综合评估，但政策工具的执行效果难以量化，尤其是针对征地补偿问题。因此，选择基于关系模型的 ELECTRE 法对方案进行序数级层面的排序，可对政策工具的执行效果进行有效分析。

2. 4. 1　确定评估体系和步骤

从政策评估的重要作用、政策组成角度、政策流程角度和利益相关者角度形成四层次的研究流程，研究流程如图 2 - 3 所示。在政策评估的重要作用维度，选取政策评估的判断、监督、建议三要素。从政策组成的角度，将政策工具作为评估对象。在政策流程角度，主要针对政策执行阶段进行评估。评估的调研对象选取征地项目的利益相关者，评估方法则是选择基于 ELEC-TRE 法的算法。

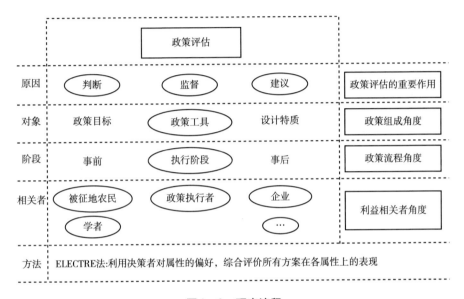

图 2-3　研究流程

资料来源：笔者自绘。

评估步骤分为以下几部分：首先构建评价准则，设计调查问卷并对问卷数据进行统计分析，以初步了解政策工具的执行效果；其次通过聚类分析获得具有显著性差异的多种偏好；最后利用多准则决策方法中的 ELEC-TRE 法对政策工具的执行效果进行排序，确定不同偏好下政策工具的执行效果。

2.4.2　构建政策工具执行效果评价准则

依据马斯洛需求层次理论和社会排斥理论将被征地农民的需求分为四个层次，并详细归纳整理征地补偿有关政策文件，从中提取了 14 个政策工具。考虑到某个政策工具的广泛应用，并结合调研地点沈阳市沈北新区的征地补偿政策特点，将此次评估的政策工具精简为 10 个，如表 2 - 5 所示。

表 2 - 5 　　　　　　　　　　　评估的征地补偿政策工具

需求层次	政策工具
生存需求	颁布补偿标准（P1）
	提供安置房（P2）
	货币补偿（P3）
保障需求	保险体系（P4）
情感需求	民主意见征集（P5）
	建立监察制度（P6）
	农村户口转城镇（P7）
发展需求	税收优惠（P8）
	入股投资（P9）
	教育与培训（P10）

资料来源：笔者自制。

本书所采用的评价准则由尼基·阿特米斯·斯皮里达基（Niki-Artemis Spyridaki）等在 2014 年提出，利用该评估准则评估了气候政策和希腊建筑部门颁布的促进能源效率和可再生能源的公共政策机制。由于征地补偿政策以保护被征地农民合法权益为目的，所以使用的政策工具多为政府干预度较高的调节性政策工具，因此剔除了完全倾向于市场影响的准则，故本书所使用的评价准则如表 2 - 6 所示。唐纳德·范·米特（Donald Van Meter，1975）和卡尔·范·霍恩（Carl Van Horn，1975）提供了一个包含政策执行过程中影响政策效果的所有因素的系统模型，这些因素有：（1）政策标准和资源，即资金；（2）影响政策的政治环境；（3）所处的社会经济环境；（4）政策执行机构的特点；（5）与政策执行机构有关的政策标准和其他决策的沟通（保持政策一致性与连贯性）；（6）遵守政策决定带来的激励措施；（7）政策执行人员的配置。可以看到，大部分因素都被纳入本书所采用的准则之中，这在一定程度上验证了该准则的合理性（如表 2 - 6 所示）。

表 2 - 6　　　评价准则（部分采用尼基·阿特米斯·斯皮里达基等人
提出的评价标准）① 和相应的评估量

准则	解释	测量尺度
熟悉度	通过资讯、广告、官方网站，提高公众对政策工具的认识	0：完全不熟悉；1：几乎不熟悉；2：有点熟悉；3：一般；4：比较熟悉；5：非常熟悉
分配原则中的公平性	与目标群体之间的相关利益和合规成本相关的分配效应	0：完全不公平；1：非常不公平；2：有点不公平；3：一般公平；4：较为公平；5：非常公平
交易成本	政策执行过程中潜在障碍（经济、信息或制度障碍）的额外成本累积	0：交易成本非常高；1：交易成本比较高；2：交易成本不太高也不太低；3：交易成本较低；4：交易成本非常低；5：没有交易成本
组织的管理能力和协调性	衡量管理结构、监督机构与政策目标的协调、沟通能力和信息流通性	0：完全不协调；1：非常不协调；2：有点不协调；3：比较协调；4：非常协调
机构人员能力	衡量某政策工具所涉及的组织机构工作人员能力	0：完全没有；1：能力很低；2：能力较低；3：能力一般；4：能力较高；5：能力非常高
监督与控制	建立监督机制，完善政策执行流程，为政策执行过程中的规范性、透明性和公平性等提供保障	0：完全没有监督与控制；1：非常弱的监督与控制；2：较弱的监督与控制；3：适度的监督与控制；4：足够的监督与控制
财务可行性	以较低的总成本（运行成本和强加于社会的总支出）实施该机制的能力	0：没有财务可行性；1：非常低的财务可行性；2：较低的财务可行性；3：财务可行性一般；4：财务可行性较高；5：非常高的财务可行性

资料来源：笔者自制。

2.4.3　基于 ELECTRE 法的政策评估模型

ELECTRE 法是由 R. 贝纳永、B. 罗伊和 B. 苏斯曼（R Benayoun，B Roy and B Sussman，1991）共同提出的，是多属性决策领域内一个流行的研究方法。何塞·鲁伊·菲盖拉（José Rui Figueira，2013）等总结了 ELECTRE 家族

---

① Lieu J，Spyridaki A N，Alvarez-Tinoco R，Van der Gaast W，Tuerk A，Van Vliet O. Evaluating consistency in environmental policy mixes through policy，stakeholder，and contextual interactions ［J］. Sustainability，2018，10（6）.

各模型的主要特点，并讨论了这些方法各自的优缺点以及有关研究的最新进展。坎南·戈文丹（Kannan Govindan，2001）等通过对 686 篇关于 ELECTRE 法和基于 ELECTRE 法的文章的研究，提出了 4 个组别和 13 个具体应用领域，特别指出"土地利用管理""风险区划""地震易损性评估"等也是被 ELEC-TRE 法广泛应用的领域，但 ELECTRE 法仍然存在一些问题，如排序过程十分复杂、由个人主观设定的参数过多等，并同时给出了简化方法。

针对高阳等人①于《统计与决策》期刊上发表的基于 ELECTRE 法的优化算法模型，在非一致性矩阵的计算过程中进一步考虑了决策准则权重，避免了主观设定参数过多的问题，在降低鲁棒性问题的同时又简化了排序过程。基于 ELECTRE 法的评估模型算法计算过程如下：

第一步：对 n 个方案 a_1，a_2，$\cdots$，a_n 给予评价并打分，每个方案有 m 个评价准则。在各个评价准则下对每个方案进行打分，形成决策矩阵 A。在本书中 n 为政策工具，包含制定补偿标准、货币补偿、安置房、宅基地建房等。m 为评价准则，分别为熟悉度、公平性、交易成本、组织管理与协调性、机构人员能力、监督与控制和财务可行性。

$$A_{n \times m} = \begin{pmatrix} a_{11} & a_{12} & \cdots & a_{1m} \\ a_{21} & a_{22} & \cdots & a_{2m} \\ \vdots & \vdots & \vdots & \vdots \\ a_{n1} & a_{n2} & \cdots & a_{nm} \end{pmatrix} \qquad (2-1)$$

第二步：正规化处理决策矩阵。将上一步获得的矩阵 A 列向量正规化获得矩阵 R。

$$R_{n \times m} = \begin{pmatrix} r_{11} & r_{12} & \cdots & r_{1m} \\ r_{21} & r_{22} & \cdots & r_{2m} \\ \vdots & \vdots & \vdots & \vdots \\ r_{n1} & r_{n2} & \cdots & r_{nm} \end{pmatrix} \qquad (2-2)$$

---

① 高阳，陈常青. 一种基于 ELECTRE 排序的简化方法 [J]. 统计与决策，2006（10）：39 - 41. 王建军，杨德礼. ELECTREⅢ的一种排序新方法 [J]. 系统工程，2005，23（12）：95 - 98. 刘培德，游信丽. 基于熵权和扩展 ELECTRE 方法的海洋平台选型研究 [J]. 经济与管理评论，2017，33（3）：53 - 59.

其中 $r_{ij} = \dfrac{a_{ij}}{\sqrt{\sum\limits_{i=1}^{n} a_{ij}^2}}$

第三步：计算权重正规化决策矩阵。$w_{(j=1,2,\cdots,m)}$ 用来表示权重，其中 $\sum\limits_{j=1}^{m} w_{j=1}$，权重正规化矩阵 V 如式（2-3）所示。

$$V_{ij} = \sum_{i=1}^{n} r_{ij} \cdot w_j (j = 1,2,\cdots,m) \tag{2-3}$$

第四步：确定一致性和非一致性矩阵，分为以下四部分完成。

（1）对比矩阵 V 中任意两个不同的行，若第 k 列第 i 行的 v 值高于第 j 行的 v 值，那么认为 k 属于一致性集合 C_{ij}；反之则将其归类于非一致性矩阵 D_{ij}，$K=1$，2，$\cdots$，m。

$$C_{ij} = \{k \mid v_{ik} \geqslant v_{jk}\} \& D_{ij} = \{k \mid v_{ik} < v_{jk}\} \tag{2-4}$$

（2）计算一致性矩阵 C。只需要将各一致性集合中每个元素代表的指标权重值相加，便可计算出一致性矩阵。

$$C = [c_{ij}]_{n \times n}, c_{ij} = \frac{\sum\limits_{k \in c_{ij}} w_k}{\sum\limits_{k=1}^{m} w_k} \tag{2-5}$$

这里的 C_{ij} 代表了方案 a_i 相对于方案 a_j 的优势指数。

（3）计算非一致性矩阵 D。对于任意一个非一致性集合，将其中元素所对应的两方案的加权指标值之差的最大值除以两方案所有加权指标值之差的最大值，得到这两个方案的相对劣势指数。

$$D = [d_{ij}]_{n \times n}, d_{ij} = \frac{\max\limits_{k \in D} |w_k (a_{ik} - a_{jk})|}{\max\limits_{k \in S} |w_k (a_{ik} - a_{jk})|}, S = \{1,2,\cdots,m\} \tag{2-6}$$

这里的 d_{ij} 代表了方案 a_i 相对于方案 a_j 的相对劣势指数。

（4）计算修正的非一致性矩阵。

$$D' = [d_{ij}{'}]_{n \times n}, d_{ij}{'} = 1 - d_{ij} \tag{2-7}$$

通过以上几个步骤就获得了一致性矩阵和非一致性矩阵。

第五步：计算修正的加权合计矩阵。将一致性矩阵和修正后的非一致性矩阵中两者对应位置的元素对应相乘，便是修正型加权合计矩阵。

$$E = \left[e_{ij} \right]_{n \times n}, e_{ij} = c_{ij} \, d_{ij}{}' \tag{2-8}$$

第六步：计算净优势值。

$$C_K = \sum_{\substack{i=1 \\ i \neq k}}^{n} e_{ki} - \sum_{\substack{j=1 \\ j \neq k}}^{n} e_{jk}, k = \{1, 2, \cdots, n\} \tag{2-9}$$

第七步：排序。按照净优势值数值大小进行排序就可以获得方案的优劣排序。

2.4.4　问卷设计与数据收集

（1）问卷设计。

本书所使用的问卷主要包括四大部分。第一部分为问候语，在这一部分要向答题者说明本问卷的目的并对问卷中涉及的名词进行解释，尤其是政策工具概念，在本书中即理解为达成政策目标而使用的政策手段，存在于政策文件中；第二部分是收集答题者的基本信息，该部分十分简单，只需要记录他们的身份（包括相关学者、政策执行者、有关企业从业者、经历征地拆迁的群众和其他）；第三部分是对七个评价准则进行权重打分；第四部分是本问卷的主体，用来测量在不同的评价准则下各个政策工具的执行情况。

在本书中对大部分变量的打分值为 $0 \sim 5$。对于正向题，如监督与控制，由 $0 \sim 5$ 代表程度由弱至强；对于负向题，如交易成本，由 $0 \sim 5$ 代表由多至少。简而言之，分数越高越代表了对该政策工具的肯定。问卷中对不同政策工具的打分会因准则不同而有所不同，问卷题项设计尽量保证问题清晰，易于被理解。由于被调研对象的背景不同，调查人员应保证在自身对问卷内容完全理解的情况下，向答题者做出解释，且保证自身主观想法不影响答题者，确保被调查者能够完全根据自身经历和感受给出自己的答案。

（2）数据收集。

样本选择的合理性必然会直接影响本书结果的有效性。从研究领域来说，本书主要讨论的是征地拆迁补偿政策，因此选取的调研地点是经历过征地拆迁的村镇或者片区，调研的对象是经历过征地拆迁的群众和执行过征地拆迁政策的基层公务人员。在查找了近期经历过征地项目的地点并综合考虑本书团队的项目资源和人员的可协调性后，最终将调研地点选在沈阳市沈北新区，具体为兴隆台、新城子街道。该调研地点在近五年被大规模征地，所以在这个地区进行问卷发放与数据收集符合研究背景，也能够保证研究结果的有效性和时效性。本次调研的对象为当地政府的公务人员（如书记、村长和其他村干部）、经历过征地补偿的被征地农民、有关研究学者和企业从业人员等。在实地调研中，采取"问卷+访谈"相结合的调查方式以获取调研数据。

本次的问卷发放采取两种形式，分别是线下实地调研发放问卷以及线上利用问卷星（https：//www.wjx.cn/jq/76662844.aspx）发放电子问卷，线下发放问卷的主要对象是经历过征地拆迁的群众、基层政策执行者（书记、村长和其他村干部）以及相关企业的从业人员。调研时间集中在 2020 年 9 月 ~ 2020 年 10 月。线下发放的问卷共回收 56 份，剔除无效问卷后，共回收有效问卷 44 份，问卷有效率为 78.6%。线上发放问卷的主要对象是有关政策研究的学者和相关企业的从业人员等。

由于调研人员对当地环境并不熟悉，为了使被调查者配合调查，因此联系了当地的街道书记协助调研。这不仅降低了调研难度，更提高了问卷回收的质量与有效性，保障了接下来研究的准确性。主要采取 3 个措施回收问卷：一是拜访当地的街道政府办公室，对符合调研对象要求的群众进行调研，并且向该政府办公室中参与到征地补偿政策执行的基层办公人员发放问卷；二是采取上门调研的方式，在当地村干部的配合下，通过查看征地拆迁的居民档案确定调研对象，尽可能多覆盖相关人员；三是线上发放问卷，定向或非定向地发放给有关政策研究的学者和相关企业的从业人员等。

本次调研的团队由 4 名同学组成，采用了"访谈+问卷"的调研形式。这样设置出于两方面的考虑：一方面由于部分调研对象文化水平不高，在调研人员的解释帮助下，能够获得更为准确真实的数据。在调研过程中，尽量保证调研人员全程参与到问卷的填写中，及时向被调研对象解释问卷中各问题的含义；另一方面在调研过程中，向被调研对象解释问卷中相应题目的同时询问其对有关问题的详细看法和态度。通过这种调研方式，不仅能够获得问卷的数据，保证其准确性与真实性，同时还能够在问卷之外了解被调查者对某些问题的看法，加深对研究问题的现实了解，并补充到研究之中。

2.4.5 数据分析

借助 Python 3.9.0 和 IBM SPSS Statistics 25 工具进行数据分析。首先，在剔除无效问卷的前提下将问卷数据统计录入 Excel 中进行描述性统计分析；接着利用 SPSS 进行聚类分析，获得两组不同的偏好；最后在不同偏好下，利用 Python 3.9.0 获得所评估的 10 种政策工具的执行效果排序。

1. 描述性统计分析

首先，对调研对象的身份进行统计，如表 2 - 7 所示。通过表格可以看到，本次调研对象身份包含四种，分别为被征地群众，样本量为 12；企业从业人员，样本量为 13；政策执行者，在本次调研中包括村委书记、街道基层干部及居委会成员等，样本量为 14；有关学者，样本量为 5。

表 2 - 7　　　　　　　　　　调查对象身份统计　　　　　　　　　　单位：人

身份	被征地群众	企业从业人员	政策执行者	有关学者
数量	12	13	14	5

资料来源：笔者自制。

其次，按照企业从业人员、被征地群众、政策执行者与有关学者这几种分类，分别统计各评价准则下的权重均值，能够分析出不同身份对各评价指标的偏好。根据表 2 - 8，对于企业从业人员，七个评价准则中，公平性以 0.168 成为最高，其次分别是监督与控制和人员能力，交易成本也达到了 0.14 以上，相比而言熟悉度为 0.125，是权重最低的一项。对于被征地群众来说，公平性依旧以 0.168 成为最高，其次是监督与控制和财务可行性，熟悉度为最低值。但是相对于其他身份来说，被征地群众是对熟悉度要求最高的一个群体。对于政策执行者来说，公平性依旧为最高，达到了 0.173，其次分别是监督与控制和财务可行性，最低依旧为熟悉度，接近被征地群众这一群体给出的平均权重，为 0.127。有关学者权重值最高的两项评价准则是财务可行性和交易成本，分别为 0.182 和 0.172，之后是公平性，相对较低的是熟悉度和人员能力,分别为 0.096 和 0.122。对所有数据取均值,可以看到公平性被认为是最重要的,达到了 0.169。被认为最不重要的依旧是熟悉度。不管是从不同身份群体还是总体来看,公平性都是被认为十分重要的,只有在有关学者群体中,财务可行性和交易成本的权重值高于公平性。熟悉度被认为最不重要的原因可能是人们更关注在执行征地补偿过程中感受到的公平,这相对于熟悉度来说更加直接。

表 2-8　　　　　　　不同身份群体对各准则的评价(权重)均值

身份	熟悉度	公平性	交易成本	组织管理	人员能力	监督与控制	财务可行性
企业从业人员	0.125	0.168	0.141	0.135	0.143	0.152	0.136
被征地群众	0.128	0.168	0.140	0.135	0.137	0.146	0.146
政策执行者	0.127	0.173	0.142	0.136	0.132	0.146	0.143
有关学者	0.096	0.160	0.172	0.144	0.122	0.124	0.182
平均值	0.123	0.169	0.145	0.136	0.135	0.145	0.146

资料来源:笔者自制。

最后,将问卷中 B 卷部分的数据录入 Excel 中。B 卷需要调研对象在某一评价准则下对 10 个政策工具的执行情况进行评价打分。将这 44 份有效问卷的数据取均值汇总,得到表 2-9,表示了不同评价准则下的 10 个政策工具的执行效果。

表 2-9　　　　　　　各评价准则下政策工具的执行效果打分

政策工具	熟悉度	公平性	交易成本	组织管理与协调	机构人员能力	监督与控制	财务可行性
颁布补偿标准(P1)	2.89	3.41	2.45	2.45	3.07	2.45	3.23
提供安置房(P2)	3.14	3.25	2.16	2.36	3.23	2.59	2.98
货币补偿(P3)	3.32	3.36	2.32	2.48	3.25	2.70	2.98
保险体系(P4)	2.89	3.23	2.57	2.16	2.86	2.48	3.11
民主意见征集(P5)	3.41	3.50	2.57	2.43	3.25	2.43	3.14
建立监察制度(P6)	3.30	3.25	2.82	2.45	3.27	2.50	3.14
农村户口转城镇(P7)	2.86	3.41	2.41	2.43	3.32	2.52	3.11

续表

政策工具	熟悉度	公平性	交易成本	组织管理与协调	机构人员能力	监督与控制	财务可行性
税收优惠（P8）	2.66	3.09	2.16	2.30	3.07	2.55	2.84
入股投资（P9）	2.30	3.23	2.34	2.14	3.20	2.16	2.86
教育与培训（P10）	2.43	3.14	2.86	2.11	3.02	2.36	3.14

资料来源：笔者自制。

通过表2-9可以看到，所有政策工具在各个评价准则下的评价分数都介于2~4分，说明调查对象对于征地补偿政策工具的执行效果较为认可，这也与实地调研过程中被调研对象的感受基本一致。公平准则下，各政策工具的执行效果打分均值达到了3.29，说明各政策工具在执行过程中保证了公平，群众较为满意。在所有评价准则下，建立监察制度和民主意见征集的评价分数最高，说明在不考虑权重偏好的情况下，这两个政策工具的执行效果较好。

2. 确定指标权重及偏好种类

上一部分的统计分析只能粗略感知到各政策工具的执行效果，对各个身份群体的权重打分均值并不能反映出较为显著的偏好关系。所以接下来，采用K-均值聚类分析法对这44个样本的评价准则权重进行聚类分析，以此代表不同的偏好类型。本书选择利用IBM SPSS Statistics 25实现该聚类分析。在"K-均值聚类分析对话框"中，将7个评价准则全部选入，限定最大迭代次数为10，收敛准则为0。在选项对话框中，将统计项下所列的三项全部选中，并选择成列排除个案，选择聚类以使各方案之间的差异最大作为迭代停止条件。首先根据经验设定K=2，但聚类结果未达到较好的"高类间距、低类内距"效果，于是重新设定K=3并获得了较为理想的聚类结果，聚类结果如表2-10和表2-11所示，分别展示了不同偏好下各评价准则的权重和身份构成。

表2-10   各偏好下的评价准则权重

项目	偏好1	偏好2	偏好3
熟悉度	0.17	0.09	0.11
公平性	0.22	0.08	0.15
交易成本	0.08	0.12	0.22

续表

项目	偏好 1	偏好 2	偏好 3
组织管理	0.11	0.15	0.16
机构人员能力	0.12	0.19	0.13
监督与控制	0.18	0.15	0.10
财务可行性	0.12	0.22	0.13

资料来源：笔者自制。

表 2 - 11　　　　　　　各偏好下的身份构成　　　　　　单位：人

	政策执行者	被征地群众	企业从业人员	有关学者
偏好 1	9	9	1	1
偏好 2	1	1	5	1
偏好 3	4	2	7	3

资料来源：笔者自制。

　　经过聚类分析获得了差异性显著的三组聚类组别，代表了所调研对象的不同偏好。根据表 2 - 10 所示，偏好 1 中公平性、监督与控制和熟悉度是权重最高的三项，其中公平性甚至达到了 0.22，而交易成本权重仅为 0.08，最高一项的权重约为最低权重值的 3 倍。很明显，偏好 1 的特点是关注社会公平感和民众感知这一层面，强调监督与控制也能够更好地达成公平性。通过表 2 - 11 可以看到，偏好 1 下的调研对象身份构成中，政策执行者和被征地群众各占了将近 50%，所以这两个群体十分看重公平性，同时也说明了征地拆迁的基层政策执行者理解被征地群众的心理，不仅能够从群众需求的角度考虑，还能够在执行过程中维护公平公正。根据表 2 - 10，偏好 2 中权重值最高的两项为财务可行性与机构人员能力，分别为 0.22 和 0.19，这两项的共同点都是强调某一政策工具能否在实际推行中落地，而公平性和熟悉度被认为最不重要。所以，偏好 2 的关注重点在于实践可行性。由表 2 - 11 可以看到，偏好 2 的主要身份构成是企业从业人员，原因可能是以企业经营的思维模式来看，方案的可行性与落地性更加重要。偏好 3 中权重值最高的是交易成本和组织管理，分别为 0.22 和 0.16，所以偏好 3 是将重点放在政策工具执行过程中的成本与效率这一方面。

综上所述，通过对样本的评价准则权重这一部分数据进行聚类分析，获得三个具有较为显著差异的偏好。偏好 1 代表了社会公平与民众感知倾向，偏好 2 代表了实践可行性倾向，偏好 3 代表了成本与效率倾向。

3. 评估结果分析

基于 ELECTRE 的评估模型，通过计算机编程、运行来获得各政策工具的净优势值，利用 Python 3.9.0 实现运算。10 种政策工具在 7 个评估准则下的打分构成了矩阵 A，其中：

$$A = \begin{pmatrix} 2.89 & 3.41 & 2.45 & 2.45 & 3.07 & 2.45 & 3.23 \\ 3.14 & 3.25 & 2.16 & 2.36 & 3.23 & 2.59 & 2.98 \\ 3.32 & 3.36 & 2.32 & 2.48 & 3.25 & 2.70 & 2.98 \\ 2.89 & 3.23 & 2.57 & 2.16 & 2.86 & 2.48 & 3.11 \\ 3.41 & 3.50 & 2.57 & 2.43 & 3.25 & 2.43 & 3.14 \\ 3.30 & 3.25 & 2.82 & 2.45 & 3.27 & 2.50 & 3.14 \\ 2.86 & 3.41 & 2.41 & 2.43 & 3.32 & 2.52 & 3.11 \\ 2.66 & 3.09 & 2.16 & 2.30 & 3.07 & 2.55 & 2.84 \\ 2.30 & 3.23 & 2.34 & 2.14 & 3.20 & 2.16 & 2.86 \\ 2.43 & 3.14 & 2.86 & 2.11 & 3.02 & 2.36 & 3.14 \end{pmatrix}$$

首先在 sublime_text 界面中导入编写好的代码，然后输入矩阵 A。接着以偏好 1 中的权重矩阵 $w_1 = (0.17, 0.22, 0.08, 0.11, 0.12, 0.18, 0.12)$、偏好 2 中权重矩阵 $w_2 = (0.09, 0.08, 0.12, 0.15, 0.19, 0.15, 0.22)$、偏好 3 中的权重矩阵 $w_3 = (0.11, 0.15, 0.22, 0.16, 0.13, 0.10, 0.13)$ 分别运行三次，输出 3 种偏好下的 10 个政策工具的净优势值，这样就分别计算了不同偏好下 10 个政策工具的净优势值，并获得三种排序结果，如表 2-12 所示。

表 2-12　　　　　　　　三种偏好的政策工具排序结果

社会公平与民众感知倾向 （偏好 1）		实践可行性倾向 （偏好 2）		成本与效率倾向 （偏好 3）	
政策工具	得分	政策工具	得分	政策工具	得分
货币补偿（P3）	6.39	建立监察制度（P6）	6.09	建立监察制度（P6）	6.32
建立监察制度（P6）	4.85	货币补偿（P3）	5.22	货币补偿（P3）	4.62

社会公平与民众感知倾向（偏好1）		实践可行性倾向（偏好2）		成本与效率倾向（偏好3）	
政策工具	得分	政策工具	得分	政策工具	得分
民主意见征集（P5）	3.90	民主意见征集（P5）	3.05	民主意见征集（P5）	4.48
农村户口转城镇（P7）	1.71	农村户口转城镇（P7）	1.97	农村户口转城镇（P7）	1.50
提供安置房（P2）	1.21	颁布补偿标准（P1）	1.24	颁布补偿标准（P1）	0.69
颁布补偿标准（P1）	0.67	提供安置房（P2）	−0.14	提供安置房（P2）	−1.40
保险体系（P4）	−2.42	教育与培训（P10）	−3.08	教育与培训（P10）	−1.94
教育与培训（P10）	−4.65	保险体系（P4）	−3.37	保险体系（P4）	−2.12
税收优惠（P8）	−4.84	税收优惠（P8）	−5.08	入股投资（P9）	−6.00
入股投资（P9）	−6.77	入股投资（P9）	−5.89	税收优惠（P8）	−6.14

资料来源：笔者自制。

从以上三个偏好下的政策工具排序结果可以看到，在社会公平与民众感知倾向下，"货币补偿"政策工具执行效果优于"建立监察制度"优于"民主意见征集"优于"农村户口转城镇"优于"提供安置房"优于"颁布补偿标准"优于"保险体系"优于"教育与培训"优于"税收优惠"优于"入股投资"；在实践可行性倾向下，"建立监察制度"优于"货币补偿"优于"民主意见征集"优于"农村户口转城镇"优于"颁布补偿标准"优于"提供安置房"优于"教育与培训"优于"保险体系"优于"税收优惠"优于"入股投资"；而在成本与效率倾向下，除了"入股投资"与"税收优惠"排序互换之外，其余所有政策工具的排序结果都与偏好2一致。

总之，在三种不同的偏好权重下进行排序，结果虽然有些许差异，但是差异并不明显。显然，"建立监察制度"与"货币补偿"是本次评估中政策执行效果最好的两个政策工具。在偏好1中，"货币补偿"的评估结果好于"建立监察制度"，而在偏好2和偏好3中"建立监察制度"更佳。

研究证实在目前的征地补偿政策中，"货币补偿"不仅是目前应用最为广泛的政策工具之一，还具有较好的政策可执行性。同时当前对"货币补偿"的监督管控制度较为完善，保证了公平合理，各利益群体对其都较为满意。相较于给予被征地农民一定的入股投资份额和创业所需贷款的税收优惠等这些还在试点中的政策，货币补偿更具有直接性，易被利益相关者们所感知。

并不应该摒弃在三种偏好下排名都靠后的"入股投资"和"税收优惠"两项政策工具,相反,作为维护被征地农民长期保障的措施,应该受到更多的关注。本书所得出的结论仅说明在目前的征地补偿机制中,它们的评估结果相较于其他政策工具较差,可能的原因在于这两个政策工具被执行的时间较短,尚有很多不完善之处,同时关注度较低。

"农村户口转城镇""颁布补偿标准"和"提供安置房"的评估结果处于中间水平。虽然三种偏好对应的评估准则权重有较大的不同,但是三种偏好下的政策工具执行效果差异不大。例如,在偏好1中,"提供安置房"优于"颁布政策补偿标准",而偏好2中,"颁布政策补偿标准"优于"提供安置房",原因可能是"提供安置房"这一政策工具的对象直接作用于被征地群众,而"颁布补偿标准"则不易被民众感知,但是实践可行性却更强。

通过以上分析可以得出,"建立监察制度"与"货币补偿"是执行效果最好的两个政策工具,"入股投资"和"税收优惠"排序最靠后。虽然市场性政策工具多用于被征地农民的高层次需求,但表格中的数据体现出市场性政策工具评估结果较差,这与目前我国征地补偿机制重短期轻长期的现状相吻合。

第3章

新城镇化征地补偿政策工具与被征地农民劳动能力间的差异分析

被征地农民的特征分析

被征地农民自身特征的差异往往是评估其劳动能力的重要基础，也是分析不同农民自身需求的关键出发点。然而，为了能够把劳动能力评估框架和被征地农民需求分析运用在一般化的征地补偿情景中，本书只对被征地农民的基本特征进行刻画，并不对农民个体差异进行描述。

美国经济学家西奥多·W. 舒尔茨（Theodore W. Schultz, 1960）和加里·S. 贝克尔（Gary S. Becker, 1964）在研究人类生产能力的过程中提出了人力资本理论，并将人力资本定义为"能够在劳动力市场获得物质或精神收入的能力，包括先天禀赋和后天获取所得"。人力资本作为一种非物质资本，体现为劳动者自身所拥有的知识、技能、劳动熟练程度和健康状况等可以带来收入的能力。人力资本理论自被提出以来在劳动能力评估中得到了广泛的应用，同样在我国的农民劳动能力分析研究进程中也扮演着十分重要的角色。一方面，个人特征变量，尤其是人力资本变量对农民参加非农劳动工作具有显著性影响，是直接影响农民劳动就业状况的首要因素。① 另一方面，中国农民参加非农劳动工作的收益与人力资本也有着重要的联系。有研究表明，农村外出劳动力的收益与其受教育程度、技能培训、性别以及身体健康状况息息相关。② 此外，个人因素，如年龄、婚姻状况对农民劳动就业状况产生影响，既包括直接影响，也包括通过人力资本为中间环节的间接影响，同时间接影响的作用可能会超过直接影响。③

3.1.1　教育程度

在人力资本理论中，教育程度一直被放在核心位置。广义的教育包括学校教育、家庭教育和社会教育，三者相互协调，形成统一整体，能帮助人们掌握知识技能，提升文化素质和思想价值观；狭义的教育则只限于学校教育，一般可以划分为初等教育、中等教育和高等教育，是人力资本理论中衡量人力资本存量的重要指标。教育程度在人力资本理论中发挥了基础性的作用，在很大程度上会对其他人力资本产生影响，如教育程度较高的人在技能培训和经验总结上更有优势。④

中国的城乡二元制结构导致农村与城市在教育资源上存在较大差距。近年来，随着农村对教育事业的投入不断增加，农村居民的教育程度得到持续改善。表 3 - 1 统计了 2013 ~ 2019 年农村居民家庭户主的文化程度。可以看出，未上过学的农户家庭户主占比从 2013 年的 4.7% 下降到 2019 年的 3.6%，高中程度及以上的农户家庭户主占比从 12.1% 上升到 13.2%。不过总体而言，当前农村家庭劳动力的文化程度依然处于较低水平，受过高中及以上教育的比重仍较小。

---

① 都阳. 贫困地区农户参与非农工作的决定因素研究 [J]. 农业技术经济, 1999 (4): 33 - 37.
② 侯风云. 农村外出劳动力收益与人力资本状况相关性研究 [J]. 财经研究, 2004 (4): 88 - 100.
③ 张务伟, 张福明, 杨学成, 等. 农村劳动力就业状况的微观影响因素及其作用机理——基于入户调查数据的实证分析 [J]. 中国农村经济, 2011 (11): 62 - 73, 81.
④ 孟佳玉. 哈尔滨市城镇化进程中被征地农民再就业问题研究 [D]. 哈尔滨: 哈尔滨工业大学, 2020.

表 3 – 1   **2013 ～ 2019 年农村居民家庭户主文化程度**   单位:%

年份	未上过学	小学程度	初中程度	高中程度	大学专科程度	大学本科及以上
2013	4.7	32.3	51.0	10.7	1.2	0.2
2014	4.4	31.8	51.5	10.9	1.2	0.2
2015	3.8	30.7	53.1	11.1	1.2	0.2
2016	3.3	29.9	54.6	10.7	1.2	0.2
2017	3.2	29.8	54.7	10.8	1.3	0.2
2018	3.9	32.8	50.1	11.1	1.6	0.3
2019	3.6	32.5	50.8	11.2	1.7	0.3

资料来源:《中国农村统计年鉴》2014 ～ 2020 年。

    农村劳动力的受教育程度对收入有着重要影响。随着农村劳动力文化素质的提高,其就业状况将得到改善,家庭生活水平也会得到提升。[1] 表 3 – 2 显示了农村与城镇劳动力在工资水平、工作时间和受教育年限等方面的差异。从人力资本角度来看,农村劳动力的受教育年限明显低于城镇劳动力。从劳动力工资水平来看,一方面,农村劳动力的月平均工资要低于城镇劳动力,并且这种差异的趋势在逐渐扩大;另一方面,农村劳动力的周工作小时均高于城镇劳动力,也就意味着农村劳动力的小时工资更低。虽然无法将农村与城镇劳动力工资差异完全归因于劳动者知识程度的不同,但这种人力资本特征上的差异在一定程度上能解释农村与城镇劳动力收入差距产生的原因。

表 3 – 2   **农村与城镇劳动力收入水平与受教育年限比较**

项目	2000 年			2006 年			2011 年		
	农村	城镇	百分比	农村	城镇	百分比	农村	城镇	百分比
月平均工资(元)	566.43	710.57	79.70%	1017.37	1425.22	71.40%	2149.01	3141.16	68.40%
周工作小时(小时)	48.33	41.7	115.90%	52.55	43.88	119.80%	50.78	43.7	116.20%

---

    ① 周逸先,崔玉平. 农村家庭户主教育程度对家庭生活影响的调查与分析 [J]. 清华大学教育研究, 2000 (2):109 – 113.

项目	2000 年			2006 年			2011 年		
	农村	城镇	百分比	农村	城镇	百分比	农村	城镇	百分比
小时工资 （元）	2.93	4.26	68.80%	4.84	8.12	59.60%	10.58	17.97	58.90%
受教育年 限（年）	8.67	10.74	80.70%	8.91	11.59	76.90%	8.89	12.05	73.80%

资料来源：湛文婷，李昭华. 中国劳动力市场中工资差异的户籍歧视变化趋势 [J]. 城市问题，2015（11）：91 - 97.

文化程度对于被征地农民获得非农就业的机会也有着重要影响。对于被征地农民，在其他条件相同的情况下，文化程度越高越容易获得非农就业机会。① 但是，一方面，被征地农民受教育的机会相对有限，教育程度普遍不高；另一方面，我国经济正处在由高速增长向高质量发展转变的阶段，各行业对劳动力的文化素质都提出了更高的要求。失去土地后，被征地农民在就业市场上的适应能力和竞争能力较差，即便勉强获得就业岗位，收入也较低。② 因此，在就业安置补偿过程中，需要尽可能地考虑被征地农民本身的教育程度，在劳动能力评估的基础上，提供与其相适应的培训方式和就业岗位。

3.1.2 工作技能

人力资本理论的两种基本构成要素包括教育人力资本和技能人力资本，教育人力资本体现在通过教育获得的知识文化水平上，技能人力资本则体现在通过培训与"干中学"等方式获得的劳动技能上。教育人力资本起着基础性作用，会影响技能人力资本的提升；而技能人力资本相当于对教育人力资本的拓展与补充，可以促进教育人力资本发挥作用。由于条件限制，被征地农民的教育程度相对较低，通过技能培训等方式则可以很好地弥补教育程度的缺失，实现被征地农民劳动能力的提升，提高在就业市场上的竞争力。③

---

① 陈凌董，华英，熊艳艳. 就业机会与就业能力——杭州滨江区农转非人员就业的调查研究 [J]. 浙江社会科学，2004（1）：36 - 40.

② 熊会兵. 我国农村劳动力非农就业问题研究 [D]. 武汉：华中农业大学，2005.

③ 孟佳玉. 哈尔滨市城镇化进程中被征地农民再就业问题研究 [D]. 哈尔滨：哈尔滨工业大学，2020.

　　劳动技能素质是指劳动者在生产过程中需要掌握的专业技能。被征地农民可以从技能培训和"干中学"两个方面获得劳动技能素质。[①] 技能培训是指被征地农民在失去土地前参与或失去土地后由政府统一安排的技能教学服务，可以让被征地农民在短期内快速获得工作技能，满足某项工作的基本要求。但技能培训要求被征地农民具备一定的知识文化水平，因为后者是前者发挥效用的必要条件。"干中学"主要来源于长期工作的经验积累，往往与被征地农民在征地前的非农务工年限相关，随着非农工作年限的增加，被征地农民所积累的经验也愈加丰富。

　　技能培训是被征地农民提高劳动技能素质与参与就业安置的重要基础，培训的方式包括专业机构统一培训、企业上岗培训等。在征地迁移过程中被征地农民获得就业培训的途径主要包括技工学校培训、政府组织专业集中培训以及企业上岗培训等。技能培训与被征地农民的收入水平密切相关，一般而言，接受职业与技术培训的被征地农民平均收入比未接受者更高，家庭中受技能培训的人数比重越高，家庭收入水平也越高。[②] 同时，职业技术培训对于被征地农民的转移就业也发挥着重要作用。与教育人力资本的获取方式相比，职业技能培训在征地过程中具有更高的投资收益率，具有投资小、周期短和收益高的特点。[③] 总之，培训是被征地农民重新就业、获得稳定且长久就业机会的重要手段，同时也是被征地农民增加收入、拥有更高生活质量的必要途径。政府应该在征地补偿政策的制定中进一步加大对被征地农民职业技能培训的政策支持力度，保证补偿政策体系长久有效。

　　技能人力资本的另一个获取途径就是"干中学"，被征地农民往往通过外出务工获得。一方面，被征地农民在外出务工时可以获得技术、知识与工作经验，能够提高自身的工作技能以及就业能力。[④] 在征地迁移后，被征地农民

---

　　① 陈浩. 人力资本与农村劳动力非农就业问题研究 [D]. 南京：南京农业大学，2007.

　　② 白菊红，袁飞. 农民收入水平与农村人力资本关系分析 [J]. 农业技术经济，2003（1）：16 - 18.

　　③ 黄斌，徐彩群. 农村劳动力非农就业与人力资本投资收益 [J]. 中国农村经济，2013（1）：67 - 75，86.

　　④ 石智雷，杨云彦. 外出务工对农村劳动力能力发展的影响及政策含义 [J]. 管理世界，2011（12）：40 - 54.

凭借这些经验和技能可以较容易地获得就业岗位，也可以在政府的帮助下进行自主创业。通常情况下，转移劳动力的外出务工时间越长，技能人力资本积累也越多。另一方面，被征地农民在外出务工中建立的社会网络也是劳动能力形成的重要路径。外出务工帮助农民打破原有封闭的生活环境，建立全新的社会关系，与原有的亲戚邻里关系不同，这种新的关系有利于信息流、物质流和技术流的传递。[①] 与技能培训相同，外出务工经历能够使被征地农民具备某些就业所需的职业技能，有助于被征地农民得到更好的就业机会和投资收益。但是这种以外出务工方式为主的"干中学"并非适用于所有被征地农民，相反，只有小部分的农民在征地迁移之前有过外出务工的经历。

在征用土地之前，大多数农村劳动力只有农业技能，或者是有少数零工经历，参与过技能培训或外出务工的劳动力并不占多数。因此，在农村劳动力转移过程中要合理考虑被征地农民专业技能的差距，并根据这种技能水平上的差异合理地给出安置补偿方案。

3.1.3　身体素质

除了教育人力资本和技能人力资本外，健康也被西奥多·W. 舒尔茨等经济学家们视为重要的人力资本构成要素。健康人力资本包括身体健康和心理健康，在所有的人力资本要素中起支撑作用，并具有基础性和首要性的特点。[②] 只有健康人力资本存在，其他的人力资本要素才能发挥作用。健康是被征地农民劳动能力评估的重要基础，也是就业安置等征地补偿过程中需要考虑的首要要素。

健康人力资本是凝聚在农民身上，且通过投资能够为农民带来收益的资本。健康人力资本作为人力资本的基础，主要是以人的先天禀赋为基础，考虑身体因素以及智力因素两个方面。改革开放至今，我国不断加强农村服务

---

① 徐丙奎. 进城农民工的社会网络与人际传播 [J]. 华东理工大学学报（社会科学版），2007（3）：92-96.

② 孟佳玉. 哈尔滨市城镇化进程中被征地农民再就业问题研究 [D]. 哈尔滨：哈尔滨工业大学，2020.

体系建设和卫生队伍建设，推进健全农村卫生保健系统，医疗卫生水平显著改善。另外，农村经济持续快速发展，农民的生活和饮食状况明显改善，健康水平也得到了明显提高。在征地补偿之前，农民长期进行体力劳动，医疗保健的意识较差，导致他们的健康人力资本并不突出。

身体健康水平良好的农民往往更具有就业倾向，并且能够获得更好的就业机会以及收入。[①] 一般来说，被征地农民自身状况越好，参加就业安置的可能性越高，同时也可能得到更好的就业机会。有研究表明，健康水平对就业及就业收入的正向影响具有性别异质性，对于男性被征地农民的影响更为显著。[②] 因此，身体素质也是劳动能力评估的基础以及征地补偿中需要考虑的重要因素。身体素质较差的被征地农民可能没有非农就业劳动工作的能力或者劳动能力较弱，这种情况下，就业安置的补偿方式可能并不适宜，需要采取多层次的兜底保障方式。

3.1.4　其他因素

1. 年龄

我国目前正处于人口老龄化迅速发展的过程中，根据第七次人口普查，相比 2010 年，我国 60 岁及以上人口的比重上升了 5.44 个百分点。由于存在城乡收入、城乡医疗保险及基础设施上的差距，大量中青年农村劳动力优先选择到城市就业，使得农村老龄化程度比城市更加严重。一般而言，被征地农民年龄越大，就业机会就越小。[③] 根据《中华人民共和国劳动法》《中华人民共和国劳动合同法》《中华人民共和国就业促进法》以及相关法律法规规定，法定劳动年龄指年满 16 周岁至退休的有劳动能力的中国公民。以征地补偿安置方案批准之日为界限，可以将被征地农民划分为三个年龄段：（1）16 周岁以下（未成年年龄段）；（2）16～60 周岁（劳动年龄段）；（3）60 周岁以上

---

① 胡威. 农民工就业能力评价研究［D］. 南宁：广西大学，2014.

② 邓力源，唐代盛，余驰晨，等. 我国农村居民健康人力资本对其非农就业收入影响的实证研究［J］. 人口学刊，2018，40（1）：102－112.

③ 毛飞，孔祥智. 中国农业现代化总体态势和未来取向［J］. 改革，2012（10）：9－21.

（养老年龄段）。

征地补偿方案需要与转移劳动力的年龄相适宜。达到退休年龄的被征地农民更加需要自己的生活得到保障，因此应以养老补助金的补偿方式为主，而不提倡以就业培训的方式安置；处于劳动年龄段的被征地农民往往肩负家庭的责任，政府的兜底保障无法满足其生活需求，因此安排就业和参加养老保险的方式较为合适；未成年年龄段的被征地人口一般仍处于读书阶段，可一次性领取安置补助费，也可以采用更为灵活的方式进行安置。

2. 区位条件

一方面，区位条件对于被征地农村劳动力非农就业有着重要影响。征地范围周边区域的工作机会越多，被征地农民通过就业安置获得稳定收入的可能性就越大。另一方面，区位条件对被征地农民参与就业安置的倾向也有明显影响。区位条件越好的地区，企业数量、规模以及就业市场一般也会越发达，被征地农民参与就业的意愿越高，获得收入稳定的工作的概率也越大。而区位条件较差的地区受限于地理条件与周围环境，信息较为闭塞，大多数征地农民对于土地仍较为依赖，不愿从事非农就业或是自主创业。从偏远地区迁移到城市周边地区的农民，参与到非农就业的可能性要上升13%以上。①

3. 性别

性别对于被征地农民的就业也有重要影响。中国传统的"男主外，女主内"思想以及就业市场上可能存在的性别歧视影响了被征地农民的就业意愿、就业机会甚至是收入水平。在分工上，男性参加非农劳动的概率更大；在工作选择上，男性的选择范围一般更广；同时有研究表明，农村女性劳动力更倾向于选择在离家近的地点就业，且外出务工工资较低。②

总而言之，教育程度、工作技能、身体素质、年龄、性别都会对非农劳动产生重要的影响。在过往的征地迁移过程中，存在政府部门忽视被征地农民个人特征的情况，导致所制定的补偿政策无法与实际情况相适应。因此在

---

① 陈宗胜，周云波，任国强，等. 影响农村三种非农就业途径的主要因素研究——对天津市农村社会的实证分析 [J]. 财经研究，2006（5）：4 - 18.

② 田甜，冯帆，左停，等. 我国农村人口的就业概况及性别代际差异研究——基于2016年全国22省1095份调查数据 [J]. 华东经济管理，2018，32（9）：50 - 56.

新城镇化被征地农民的补偿过程中，需要将这些因素纳入考虑范围，并以此为基础构建科学且具有可操作性的劳动能力评估体系。

3.2

被征地农民劳动能力评估分析

关于劳动力个人能力的衡量一直是经验研究的重点和难点。起初，研究学者将年龄作为衡量劳动者个人能力的主要因素。随后，阿马蒂亚·库马尔·森（Amartya Kumar Sen，1997）在20世纪90年代提出了"功能"和"能力"的概念，"功能"是一个人在生活中的活动或所处状态，"能力"是一个人能够实现的各种功能的组合，由良好的健康状况，能进行阅读、写作及交流，参与社会活动等组合而成。罗伯特·钱伯斯和戈登·康威（Robert Chambers and Gordon Conway，1992）对能力表现形式进行了定义，包括应对压力和冲击的能力，适应、利用和创造机会的能力等。英国国际发展部（Department for International Development，DFID）提出的可持续生计框架则认为能力依赖于个人所拥有的有形和无形资本，主要包括自然资本、金融资本、物资资本、人力资本和社会资本五个方面。在此基础上提出了人的可持续发展能力，即利用自然或社会资源谋求发展的能力，包括人们自身拥有的内在素质和成长过程中的学习技能。[1] 近些年，在对农民的劳动能力评估中，由于区域经济增长和个人经济收入的解释更加让人信服，学者更倾向于利用人力资本衡量农村劳动力的综合素质和能力。然而正如可持续生计框架中所分析的那样，影响生产力的不仅仅是人力资本要素，还包括个人所具有的关系网络、地区条件及资源、基础设施和家庭禀赋等因素。

因此，被征地农民劳动能力评估可分为狭义和广义两个方面。狭义上，劳动能力即人们从事生产活动的能力，包含了体力和脑力两个部分，也是法律层面上所定义的劳动行为能力；广义上，被征地农民的劳动能力评估以人

---

① 杨云彦，徐映梅，胡静，等.社会变迁、介入型贫困与能力再造——基于南水北调库区移民的研究 [J].管理世界，2008（11）：89-98.

力资本为基础，考虑了个人特征、区位条件、基础设施等基本因素，包含了由劳动行为能力评估、工作技能评估、社会环境评估、个人特征评估等因素构成的综合评估体系。

3.2.1 劳动行为能力评估

劳动行为能力，即狭义上的劳动能力，是指劳动者以自己的行为依法行使劳动权利和履行劳动义务的能力。我国相关部门与机构在劳动行为能力评估方面已经制定了较为完善的标准，并提供了相应的等级划分。同时，世界卫生组织（WHO）也提供了 ICF 和 WHODAS 2.0 等量表用来满足不同需求的劳动能力评估。

1. 我国的劳动能力鉴定

我国的劳动能力鉴定主要对个体从事体力劳动进行能力鉴定，确定其伤残程度和劳动能力丧失程度，包括对工伤、交通及其他事故或是伤害案件中的受伤者、精神障碍患者等进行劳动能力评定。目前我国在不同场景下均出台了相应的鉴定标准，例如：《职工非因工伤致残或因病丧失劳动能力程度鉴定标准（试行）》《职工工伤与职业病致残程度鉴定标准》《道路交通事故受伤人员伤残评定标准》等。

2. 国际功能、残疾和健康分类（ICF）

《国际功能、残疾和健康分类》是世界卫生组织于 2001 年正式颁布的国际标准的功能和残疾分类。ICF 基于"生物－心理－社会"（Biopsychosocial Model）理论，将残疾视为一种社会性的问题，是一种统筹考虑了个人特性和社会环境的状态总和。ICF 提供了一种统一的国际性术语系统以描述个体健康状况以及与健康相关的问题，是一个适用于不同文化、年龄和性别的功能和障碍分类系统，应用场景十分广泛，包括人口研究和残疾人数据收集、环境因素和生活质量研究、职业评定与康复效果评定等。除此以外，ICF 还可以用作社会政策工具，例如制订社会保障计划以及实施政策等，当然也适用于中国农民征地补偿的劳动能力评估体系。

ICF 在世界各地都得到了广泛应用与实践。基于 ICF 的框架，我国已开发出专门的信息化管理平台，目前主要应用于医学康复等；澳大利亚在残疾人口调查中运用了 ICF 的概念，将获取的资料作为政策和服务规划的工具；日本在其保险政策的制定中也参考了 ICF 的概念。[①] ICF 将人类功能分成三个层次：身体或身体部位、完整的人、在社会环境中的人，而残疾则被定义为一个或多个层次的功能失调，其中可能包含了损伤、活动受限以及参与受限等多种复合状态，同时将残疾视为个体与环境之间相互作用、相互影响的结果。在 ICF 的分类方式中，功能和残疾被视作一种交互作用和复杂联系的过程，每种健康状况都可以通过身体机能和结构、活动、参与、环境因素和个人因素这五个方面进行综合测量。同时，ICF 并不直接判定谁是"正常"或谁是"残疾"。在使用 ICF 时，可以在不同的使用背景下设定不同的标准来判断是否有劳动能力或者残疾。ICF 的评估要素如图 3 - 1 所示，运用 ICF 进行劳动能力评定需要考虑以下几个方面。[②]

（1）身体机能和结构：身体机能指个体的身体或心理状态；身体结构指身体的各个部位，如器官、肢体等。身体结构和身体功能是两个相互区别又相互联系的部分，两者相辅相成，不能相互替代。

（2）活动：活动指个体完成一项活动或任务；活动受限则指个体在执行活动时可能遇到的障碍，如学习的功能障碍、与人交流的功能障碍等。

（3）参与：指个体参与外部社会活动的能力，如人际交往、工作等；参与受限是指个体参与社会活动的障碍。活动和参与的主要区别在于活动由个体独自完成，而参与需要与他人共同完成。

（4）环境因素：指人们日常生活所处的自然环境和社会环境，包括他人、社会经济、社会文化等。良好的环境可以促进个体活动表现，而较差的环境则会限制个体活动表现。

（5）个人因素：指个体的性别、种族、年龄、健康水平、教育、经验等。

---

① 熊德凤，张冠庭，潘经光，等. 运用世界卫生组织《残疾评定量表》（WHODAS 2.0）评定香港残疾人士和慢性病患者的活动和参与障碍 [J]. 中国康复理论与实践，2014，20（6）：508 - 512.

② World Health Organization. How to use the ICF：A practical manual for using the international classification of functioning, disability and health（ICF）[J]. Exposure Draft for Comment，October 2013, Geneva：WHO：7 - 8.

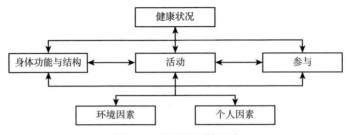

图 3 - 1　ICF 的评估要素

资料来源：ICF 官方手册。

3. 世界卫生组织残疾评定量表（WHODAS 2.0）

WHODAS 2.0 是世界卫生组织开发的一种通用评估工具，旨在提供一种衡量在各种文化下健康和残疾的标准化方法。WHODAS 2.0 是基于 ICF 的概念发展而成的，具有足够的可靠性和敏感性。一系列的实证研究确定了该量表的跨文化适用性、可靠性和有效性以及在卫生服务研究中的效用。同时，WHODAS 2.0 有助于评估一般人群的健康和残疾水平，因此能够用于劳动能力评估。

WHODAS 2.0 有几种不同的版本，在长度和用途上有所不同。完整版有 36 个问题，短版有 12 个问题，均与被评估者在评估前 30 天内的六个生活领域里所经历的功能困难有关。WHODAS 2.0 完整版从理解和交流、身体活动、自我照护、与人相处、生活活动和社会参与六个方面评估个人的整体健康状况。

3.2.2　被征地农民劳动能力综合评估体系

尽管国内外已经有成熟的劳动能力鉴定体系，但这些体系基本上只能应用于评估个体是否"残疾"，即是否有劳动行为能力。ICF 和 WHODAS 2.0 等评估工具虽然也将环境因素及个人因素纳入评估范围，但劳动行为能力的评定无法直接应用于被征地农民劳动能力评估上。在征地补偿过程中，被征地农民的劳动能力指社会为具有劳动能力的被征地劳动者提供就业岗位，使劳动者能有效和其他生产要素相结合，以充分利用发挥其劳动力的效能。[1] 为了

---

[1]　熊会兵. 我国农村劳动力非农就业问题研究 [D]. 武汉：华中农业大学，2005.

在征地补偿过程中更好地将理论与实践相结合，这里运用了 AHP-Fuzzy 综合评价法进行对被征地农民劳动能力评估体系的构建。AHP-Fuzzy 综合评价法在能力评估过程中包括三个阶段：确定综合评价体系指标、确定指标权重、对被征地农民劳动能力进行评估。其中，指标权重的确定以及对被征地农民劳动能力进行评估的过程需要依据征迁项目的具体情况进行。

1. 综合评价体系指标

征地补偿过程中，由于被征地农民的个体情况有所不同，其本身的行为劳动能力和个人特征具有异质性，同时征地过程所处的社会环境也有所不同，在一些情况下并不能提供与被征地农民相适应的工作岗位。因此，被征地农民的劳动能力评价指标应该包括劳动行为能力、工作技能、个人特征、社会资本四个方面。根据评价对象的情况，可以对评价因素进行分类和组合，形成索引层次结构，用于识别评价因素和评价因素之间的关系。评价指标的层次结构如表 3-3 所示。

表 3-3　　　　　　　　被征地农民劳动能力评价指标体系

目标	一级指标	二级指标	参考来源
被征地农民劳动能力	（A_1）劳动行为能力	（A_{11}）理解与交流	ICF 与 WHODAS 2.0
		（A_{12}）身体活动	
		（A_{13}）自我照护	
		（A_{14}）与人相处	
		（A_{15}）生活活动	
		（A_{16}）社会参与	
	（A_2）工作技能	（A_{21}）培训经历	人力资本理论
		（A_{22}）外出务工经历	
	（A_3）个人特征	（A_{31}）年龄	ICF 与人力资本理论
		（A_{32}）性别	
		（A_{33}）教育年限	
	（A_4）社会资本	（A_{41}）区位条件	可持续生计框架（DFID）
		（A_{42}）家庭禀赋	
		（A_{43}）地区基础设施	

资料来源：笔者自制。

2. 指标权重的确定

征地补偿过程中，需要根据不同地域或是不同项目确定与征迁项目实际情况相符合的权重矩阵。这里通过层次分析法计算得到各评价指标的权重，也就是各因素对被征地农民劳动能力的重要程度（如表 3 - 4 所示）。

通过层次分析法为评价指标进行赋权包括以下几个步骤。

表 3 - 4 因素重要性量化标度

A_{ij}	定义	A_{ij}	定义
1	x_i 的重要性相等 x_j	1/1	x_j 的重要性相等 x_i
3	x_i 比 x_j 稍微重要	1/3	x_j 比 x_i 稍微重要
5	x_i 比 x_j 明显重要	1/5	x_j 比 x_i 明显重要
7	x_i 比 x_j 强烈重要	1/7	x_j 比 x_i 强烈重要
9	x_i 比 x_j 极端重要	1/9	x_j 比 x_i 极端重要

第一步：基于已建立的评价指标体系，按照不同因素的影响程度构建判断矩阵。这个过程通常会采用矩阵结构方法对不同的因素进行配对和比较，例如对于因素 x_i 和 x_j，用 a_{ij} 表示两者的相对重要程度，按表 3 - 4 的规则最终构建出 $A = (A_{ij})_{n \times n}$。以层次一为例，共包含 4 个指标，可以构建出的判断矩阵如下：

$$A = \begin{bmatrix} A_{11} & A_{12} & A_{13} & A_{14} \\ A_{21} & A_{22} & A_{23} & A_{24} \\ A_{31} & A_{32} & A_{33} & A_{34} \\ A_{41} & A_{42} & A_{43} & A_{44} \end{bmatrix} \quad (3-1)$$

第二步：计算相对权重系数。计算单层次排序和整体层次排序，以确定评价因素的权重值。

（1）对判断矩阵，根据式（3 - 2）进行归一化处理：

$$\bar{A} = (\overline{A_{ij}}), \overline{A_{ij}} = \frac{A_{ij}}{\sum_{i=1}^{n} A_{ij}}, i. j = 1, 2, \cdots, n \quad (3-2)$$

（2）根据式（3－3）调节矩阵的特征向量，得到相应权重：

$$W = [w_1, w_2, \cdots, w_n]^T, \text{其中 } w_i = \frac{\overline{w_i}}{\sum\limits_{i=1}^{n} \overline{w_i}} = \frac{\sum\limits_{j=1}^{n} \overline{A_{ij}}}{\sum\limits_{i=1}^{n} \sum\limits_{j=1}^{n} \overline{A_{ij}}} \quad (3-3)$$

第三步：测试一致性。为了避免判断造成的误差，有必要将 CR 作为指数 CI 与修正系数 RI 的比值，对判断矩阵的一致性进行检验。如果 $CR < 0.1$，则说明矩阵的一致性符合要求，否则需要调整初始指标。

（1）根据式（3－4）计算判断矩阵的特征向量的最大值：

$$\lambda_{\max} = \frac{1}{n} \sum_{i=1}^{n} \frac{\sum\limits_{j=1}^{n} A_{ij} w_j}{w_j} \quad (3-4)$$

（2）根据 $CI = \dfrac{\lambda_{\max} - n}{n-1}$，确定 CI 作为判断矩阵一致性是否通过的检验指标。然后根据表 3－5 中的设定值和 $CR = \dfrac{CI}{RI}$，计算出 CR 作为判断矩阵一致性的比值。如果 $CR < 0.1$，说明判断矩阵通过一致性检验，权重集能够反映所有指标的重要性，权重分布有效。

表 3－5　　　　　　　　　　　　不同 n 的 RI 的值不同

n	1	2	3	4	5	6	7	8	9	10
RI	0	0	0.58	0.9	1.12	1.24	1.32	1.41	1.45	1.49

第四步：计算总体指标的权重。由指标层和子指标层权重的合成，得到最后的指标体系权重。

3. 对被征地农民劳动能力进行评价

根据得到的权重矩阵对被征地农民劳动能力进行评价，这个过程可以由一位专家或多位专家共同打分获得最后的能力值并进行分类。假如整个评估过程由一位专家进行，只需要根据专家的专业知识和具体情况对每一项打分；假如整个评估过程由多位专家共同进行，为了减少评价尺度差异，这里应用了模糊数学的方法。总体评估步骤如下：

第一步：确定评价因素域。所谓评价因素域，就是为描述评价对象设置的对结果有一定影响的评价指标或评价因素的集合，这些因素对于结果具有一定的影响。一级指标（要素层）的集合用 $B = \{A_1, A_2, A_3, A_4\}$ 来表示。二级指标的集合用 $A_i = \{A_{i1}, A_{i2}, A_{i3}, \cdots, A_{in}\}$ （其中，$i = 1$，2，3，4）表示，其中 i 是指第 i 个一级指标，n 指第 i 个一级指标下影响因素的对应数量。

第二步：确定评价对象的等级集合，每一个等级与一个模糊子集相对应。本文将评价结果划定为 5 个等级，具体集合形式以及元素之间的对应关系为 $V = \{V_1, V_2, V_3, V_4, V_5\}$ = ｛很不好，不好，一般，好，很好｝= ｛1，2，3，4，5｝。

第三步：确定评价因素的权重向量。分别确定一级指标和二级指标的权重集合，评价指标对应的权重向量用 W 表示。

第四步：确定模糊关系矩阵。在构建层次模糊子集之后，需要对各评价因素进行量化。从单因素的角度来看被评价对象对各层次模糊子集的隶属度，从而建立模糊关系矩阵 R。

第五步：多指标综合评价。采用适当的模糊综合算子对权重向量 W 和模糊关系矩阵 R 进行合成，得到各因素的隶属向量 X。

隶属向量计算公式如下：

$$X = W \times R \qquad (3-5)$$

第六步：计算在征地补偿背景下被征地农民的劳动能力评估值 F：

$$F = X \times V^T \qquad (3-6)$$

3.2.3　案例应用

以某新城镇化征地项目 S 为例，采用 AHP-Fuzzy 综合评价法，基于建立的评价体系对被征地农民甲的劳动能力进行综合评价。

1. 指标权重计算

综合征地补偿政府主管部门以及被征地相关人员共十位专家的经验和意见，根据表 3-4 的原则确定指标间的相对重要程度，取平均值对各指标的相对重要性赋值，得到一级指标判断矩阵：

$$A = \begin{pmatrix} 1 & 3 & 5 & 5 \\ \dfrac{1}{3} & 1 & 3 & 3 \\ \dfrac{1}{5} & \dfrac{1}{3} & 1 & 1 \\ \dfrac{1}{5} & \dfrac{1}{3} & 1 & 1 \end{pmatrix}$$

对得到的一级指标判断矩阵进行一致性检验，计算得出 $CR = 0.016 <$ 0.1，说明判断矩阵通过一致性检验。同时，得到目标层权重矩阵 $W = (0.558, 0.249, 0.096, 0.096)^T$。

类似，经计算可以得出满足一致性检验的各级指标权重：

$W_1 = (0.152, 0.238, 0.448, 0.091, 0.046, 0.025)^T$；$W_2 = (0.25, 0.75)^T$；

$W_3 = (0.178, 0.07, 0.751)^T$；$W_4 = (0.429, 0.429, 0.143)^T$。

从而得到最终的指标体系及各级指标权重（如图 3 – 2 所示）：

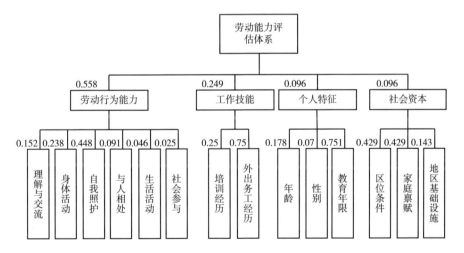

图 3 – 2　被征地农民劳动能力评估体系权重

资料来源：笔者自绘。

2. 建立模糊关系矩阵

首先，设定所有节点指标评价等级 $V = \{V_1, V_2, V_3, V_4, V_5\} = \{$很不好，

不好，一般，好，很好 $\}=\{1，2，3，4，5\}$。应用模糊评价方法，新城镇化征地项目 S 的 10 位评估专家对被征地农民甲进行能力评估，得到的评估结果如表 3-6 所示。

表 3-6　　　　　　　专家对被征地农民甲能力评估汇总

一级指标	二级指标	很不好	不好	一般	好	很好	总计
劳动行为能力 A_1	理解与交流 A_{11}	0	1	5	2	2	10
	身体活动 A_{12}	1	1	6	2	0	10
	自我照护 A_{13}	0	2	3	5	0	10
	与人相处 A_{14}	0	1	2	1	6	10
	生活活动 A_{15}	1	0	6	3	0	10
	社会参与 A_{16}	0	0	5	5	0	10
工作技能 A_2	培训经历 A_{21}	2	5	3	0	0	10
	外出务工经历 A_{22}	5	5	0	0	0	10
个人特征 A_3	年龄 A_{31}	2	3	2	3	0	10
	性别 A_{32}	0	0	5	5	0	10
	教育年限 A_{33}	1	6	3	0	0	10
社会资本 A_4	区位条件 A_{41}	1	3	1	4	1	10
	家庭禀赋 A_{42}	0	1	8	0	1	10
	地区基础设施 A_{43}	2	3	5	0	0	10

资料来源：笔者自制。

进一步计算隶属度统计（如表 3-7 所示）：

表 3-7　　　　　　　　　　　隶属度统计

一级指标	二级指标	很不好	不好	一般	好	很好	总计
劳动行为能力 A_1	理解与交流 A_{11}	0	0.1	0.5	0.2	0.2	1.00
	身体活动 A_{12}	0.1	0.1	0.6	0.2	0	1.00
	自我照护 A_{13}	0	0.2	0.3	0.5	0	1.00
	与人相处 A_{14}	0	0.1	0.2	0.1	0.6	1.00
	生活活动 A_{15}	0.1	0	0.6	0.3	0	1.00
	社会参与 A_{16}	0	0	0.5	0.5	0	1.00

续表

一级指标	二级指标	很不好	不好	一般	好	很好	总计
工作技能 A_2	培训经历 A_{21}	0.2	0.5	0.3	0	0	1.00
	外出务工经历 A_{22}	0.5	0.5	0	0	0	1.00
个人特征 A_3	年龄 A_{31}	0.2	0.3	0.2	0.3	0	1.00
	性别 A_{32}	0	0	0.5	0.5	0	1.00
	教育年限 A_{33}	0.1	0.6	0.3	0	0	1.00
社会资本 A_4	区位条件 A_{41}	0.1	0.3	0.1	0.4	0.1	1.00
	家庭禀赋 A_{42}	0	0.1	0.8	0	0.1	1.00
	地区基础设施 A_{43}	0.2	0.3	0.5	0	0	1.00

资料来源：笔者自制。

进而得出模糊关系矩阵 R_1、R_2、R_3、R_4 分别为：

$$R_1 = \begin{pmatrix} 0 & 0.1 & 0.5 & 0.2 & 0.2 \\ 0.1 & 0.1 & 0.6 & 0.2 & 0 \\ 0 & 0.2 & 0.3 & 0.5 & 0 \\ 0 & 0.1 & 0.2 & 0.1 & 0.6 \\ 0.1 & 0 & 0.6 & 0.3 & 0 \\ 0 & 0 & 0.5 & 0.5 & 0 \end{pmatrix}$$

$$R_2 = \begin{pmatrix} 0.2 & 0.5 & 0.3 & 0 & 0 \\ 0.5 & 0.5 & 0 & 0 & 0 \end{pmatrix}$$

$$R_3 = \begin{pmatrix} 0.2 & 0.3 & 0.2 & 0.3 & 0 \\ 0 & 0 & 0.5 & 0.5 & 0 \\ 0.1 & 0.6 & 0.3 & 0 & 0 \end{pmatrix}$$

$$R_4 = \begin{pmatrix} 0.1 & 0.3 & 0.1 & 0.4 & 0.1 \\ 0 & 0.1 & 0.8 & 0 & 0.1 \\ 0.2 & 0.3 & 0.5 & 0 & 0 \end{pmatrix}$$

3. 被评估农民劳动能力计算

根据 3.2.2 中模糊综合评价法的计算过程确定被征地农民劳动能力评估值。

首先，将前面计算得到的各级指标权重向量 W_i 与各级指标模糊关系矩阵

R_i 相乘得到隶属度向量 X_i，即 $X_i = W_i \times R_i$。其次将隶属度向量 X_i 与评分等级向量 V^T 相乘得到评价得分 F_i，即 $F_i = X_i \times V^T$。

其中甲的劳动行为能力 A_1 的能力得分计算过程如下：

$$X_1 = W_1 \times R_1 = (0.152, 0.238, 0.448, 0.091, 0.046, 0.025)$$

$$\times \begin{pmatrix} 0 & 0.1 & 0.5 & 0.2 & 0.2 \\ 0.1 & 0.1 & 0.6 & 0.2 & 0 \\ 0 & 0.2 & 0.3 & 0.5 & 0 \\ 0 & 0.1 & 0.2 & 0.1 & 0.6 \\ 0.1 & 0 & 0.6 & 0.3 & 0 \\ 0 & 0 & 0.5 & 0.5 & 0 \end{pmatrix}$$

$$= (0.0284, 0.1377, 0.4115, 0.3374, 0.0850);$$

$$F_1 = X_1 \times V^T = 3.3129。$$

同理，可分别计算出被征地农民甲对应的工作技能 A_2、个人特征 A_3、社会资本 A_4 的隶属度向量和能力评价得分：

$$X_2 = (0.425, 0.5, 0.075, 0, 0); \quad F_2 = X_2 \times V^T = 1.65;$$

$$X_3 = (0.1107, 0.504, 0.2959, 0.0884, 0); \quad F_3 = X_3 \times V^T = 2.36;$$

$$X_4 = (0.0715, 0.2145, 0.4576, 0.1716, 0.0858); F_4 = X_4 \times V^T = 2.9887。$$

最后确定被征地农民甲的一级指标隶属向量 X 和最终劳动能力评估值 F 为：

$$X = W \times R = (0.558, 0.249, 0.096, 0.096)$$

$$\times \begin{pmatrix} 0.0284 & 0.1377 & 0.4115 & 0.3374 & 0.0850 \\ 0.425 & 0.5 & 0.075 & 0 & 0 \\ 0.1107 & 0.504 & 0.2959 & 0.0884 & 0 \\ 0.0715 & 0.2145 & 0.4576 & 0.1716 & 0.0858 \end{pmatrix}$$

$$= (0.1392, 0.2703, 0.3206, 0.2132, 0.0557);$$

$$F = X \times V^T = 2.7729。$$

因此，新城镇化征地项目 S 中，被征地农民甲的劳动能力评估得分为 2.7729，属于具有一般劳动能力级别。

表 3-8 中，被征地农民的劳动能力级别按能力评价得分进行了划分。此

外，表中也给出了不同劳动能力级别的被征地农民对应的需求层次，如得分低于 1 分的被征地农民可被视为劳动能力较差，其需要满足的需求也是以自身生存为主。对于不同劳动能力级别的被征地农民，应在考虑其需求层次的基础上提供与之相适应的补偿方式。整个评估体系提供了农民劳动能力的评价尺度，为政府部门在征地补偿过程中针对补偿群体的划分提供了依据。同时，评估过程考虑了不同个体的自身特征以及社会环境的差异，使评估的结果与实际相契合，有利于实际应用。

表 3 - 8	劳动能力划分	
劳动能力评价得分	劳动能力级别	需求层次
$0 \leqslant F < 1$	差	以生存需求为主
$1 \leqslant F < 2$	较差	生存需求及保障需求
$2 \leqslant F < 3$	一般	保障需求为主
$3 \leqslant F < 4$	较好	保障需求及发展需求
$4 \leqslant F \leqslant 5$	好	发展需求为主

资料来源：笔者自制。

3.3
补偿政策工具与被征地农民劳动能力之间的匹配差异

政府不仅要公正地补偿农民因征地造成的财产损失，更要制定和选择合适的补偿政策工具对被征地农民的长远生计进行保障。然而，现有的补偿政策往往存在两个极端，有的忽略了农民的内在需求，以货币补偿等方式取代就业安置，难以保障被征地农民长期稳定的生活需要；有的通过"一刀切"的方法无差别地进行就业安置，导致结果差强人意。其主要原因是制定补偿政策时并没有将被征地农民劳动能力纳入衡量范围，而被征地农民自身能力的异质性也要求征地补偿政策具有独特性和针对性。忽视了被征地农民的异质性，必然会导致补偿政策工具与被征地农民劳动能力之间出现匹配差异，进一步导致补偿政策工具与被征地农民需求的失衡。

3.3.1 被征地农民劳动能力与补偿政策工具之间的匹配失衡现象

1. 无劳动能力的被征地农民社会保障不足

无劳动能力或劳动能力较差的被征地农民，即劳动能力评分低于 1 分的群体，由于脱离土地，失去了维持生活的经济来源，加上难以就业，通常只能通过货币补偿、安置房、养老保险及社保医保等方式维持生计。然而，现有征地补偿体系很少对被征地农民个体劳动能力进行分析，因此无劳动能力的农民在失去了长期依赖的土地保障的同时也很难获得足够的社会保障。社会保障水平较低以及保障范围不够导致许多被征地农民生活窘迫。另外，对于未满 16 周岁的未成年被征地人群来说，各地政府往往采用发放一次性生活补助费的方式进行补偿，但这种方式并不足以保障长期生活，长远看无法缓解其自身和家庭的压力。

2. 有劳动能力的被征地农民遭遇就业困境

具有劳动能力的被征地农民在失去土地后，实现劳动就业并获得稳定收入是他们维持生活的基本途径。然而，作为被征地农民长远生计保障机制中最重要、最有效的政策工具，就业安置却最容易被忽视。有些地区甚至并没有为被征地农民提供就业安置的选项，而是采用货币补偿等方式替代。对于有劳动能力的被征地农民来说，他们往往需要负担较大的自身和家庭生活压力，货币补偿以及养老保险政策并不能保障其自身和家庭生活需求。此外，就业安置过程中普遍没有就业安置补助或就业安置补助不足，被征地农民在接受就业培训以及再就业的适应期中常常会出现生活窘迫的情况。

即便政府在安置补偿过程中为农民提供了就业途径，许多被征地农民的就业质量往往并不高。一方面，政府和企业为被征地农民提供的就业岗位少，就业选择有限，无法满足农民的工作需求。被征地农民就业安置主要集中在餐饮、安保等服务类行业以及制造业、建筑业中的辅助性基层岗位，技术含量较低并且不够稳定，导致被征地农民稳定就业和正当就业权益难以得到保障。① 另一方面，被征地农民在就业过程中工作稳定性差，二次失业率高。目前我国正处于由高速增长阶段转向高质量发展阶段，社会需要高素质、高技能人才，更加强调劳动力的文化素养、劳动技能水平、思想价值观念的重要性，这恰恰也是被征地农民的薄弱环节。② 此外，许多地区的失业保障缺位，大多数被征地农民仅在失地一年内享有失业救济金，无法得到长期有效的失业保险体系保障。③

最后，许多被征地农民的就业意愿并不高。由于征地前农民一般通过农业生产自给自足，受传统思想观念影响较大，许多被征地农民对于融入城市生活的意愿并不强烈。文化程度、年龄、工作技能对被征地农民就业意愿有重要影响。一般来说，对农民就业意愿影响最大的因素是受教育程度，农民受教育程度越低，参与就业安置的可能性通常也越低。而被征地农民的自身年龄对就业意向同样有影响，年纪越大的农民就业意愿越淡薄。此外，接受职业培训的意向率也与被征地农民的年龄呈反向关系。由于我国的历史现实原因，中老年人口受教育程度一般较低，接受培训的意愿也较低，往往成为征地补偿安置中就业意愿最低的群体。

3. 自主创业的被征地农民得不到足够支持

对于劳动能力高的被征地农民（即劳动能力评分在 4 分以上的群体），应鼓励其通过自身的经验技术以及关系网络等进行自主创业。这既是解决被征地农民长远生计的有效途径，也是带动当地经济发展以及增加就业岗位需求的必然选择。然而，被征地农民自主创业很大程度上受环境因素制约。一方面，被征地农民在创业过程中经常遇到贷款数量供应不足、贷款规模与产业规模不成正比、贷款期限与产业周期不匹配等问题。创业资金缺乏、贷款难使得农民没有足够的资金支持，导致自主创业难度加大。另一方面，农民没有受过现代创业知识教育，获取信息的渠道并不完善，而信息的缺失常常导致被征地农民创业以失败告终。

---

① 徐佳澍. 城镇化进程中被征地农民非农就业问题研究 [J]. 河南农业，2016（14）：113.
② 王照浩. 新型城镇化视阈下被征地农民就业问题研究 [D]. 济南：山东大学，2015.
③ 王丹玉. 被征地农民就业问题研究 [D]. 荆州：长江大学，2020.

3.3.2 补偿政策工具与劳动能力失衡的原因

1. 被征地农民的征地补偿安置政策不到位

土地是农民得以满足自身生存的最基本保障。在土地被征收后，农民长久以来依赖的可靠收入来源被切断，甚至无法满足其基本生活需要。因此，在对被征地农民进行补偿安置的过程中，政府不仅要补偿土地原有的价值，还要对被征地农民在失地后的生计进行妥善安置。根据《中华人民共和国土地管理法》，征地补偿方式主要包括土地补偿费、安置补助费、青苗补偿费、农村村民住宅补偿费和社会保障费用。但是目前的补偿安置措施仍存在不合理的地方，首先，许多地区仍采用征地补偿金一次性付清制度。对于无劳动能力的被征地农民来说，他们没有稳定的收入来源，无法解决自身的可持续生计问题，可能会导致"坐吃山空"的情况；其次，许多地区就业安置过程中缺少就业安置补助，在获得就业机会前无经济来源，无法满足生活需求，在被征地农民获得就业后也缺乏失业保险金等保障，导致农民在二次失业后生活窘迫；最后，政府对于被征地农民的自主创业资金扶持力度不够，农民拿到手的征地补偿费总额不高，一般情况下并不足以作为创业的启动资金，因此许多情况下要依靠外部资金，而创业过程中农民贷款难，融资渠道少，导致农民自主创业困难。

2. 被征地农民的就业安置保障机制不完善

政府需要对被征地农民在就业安置信息、岗位和培训等方面提供支持。然而，许多地方政府在就业保障机制方面职能缺失，未能有效发挥政府的公共服务职能。

首先，被征地农民获得信息的渠道不畅通。在就业市场中，就业信息对于农民能否获得就业机会起到举足轻重的作用，而就业市场上的信息不对称也可能导致被征地农民在就业过程中的基本权益被剥夺。

其次，政府对于农民的就业权益维护尚没有有效的制度保障。被征地农民在失地以前往往没有就业经验，维权意识较差。同时，政府对农民就业没有足够的政策性指向，导致农民在就业过程中对就业缺乏清晰的认识与准确的判断，这就使农民的就业过程充满阻碍。

再次，政府对农民的相关教育与就业培训不够重视，而知识与技能是决定被征地农民能否就业的关键要素之一。[①] 被征地农民的文化水平远远不如城市居民，在就业过程缺乏足够的竞争力。尤其是受历史条件限制的中老年对象，其本身受教育程度较低，加上对新知识的吸收能力较弱，容易成为二次失业群体。

最后，被征地农民的就业培训需求往往不能得到满足。许多地方政府提供的就业培训实用性不够，仅以知识培训为主体，并没有围绕技能培训展开，同时缺乏对被征地农民开展持续性培训的政策。培训与就业环境不相匹配，农民得不到有效支持，只能从事技术性不高的工作。[②]

3. 被征地农民就业问题的自身原因

农民被征地以前一般只从事农业生产，与外界接触不多，接受新事物和获取新知识的能力及意愿相对较弱，土地被征收后无法适应新环境。同时，征地补偿金使农民在短时间内变得"富裕"，造成被征地农民不愿从事条件较差或技术水平较低的工作，重新就业或自主创业的意愿较低。

此外，尽管许多被征地农民认同"文化水平低、工作技能低"是阻碍其实现就业的最大因素，但我国农村劳动力参加职业技能培训的意愿并不强烈，[③] 被征地农民不愿为技能培训付出额外的费用或参与到时间过长的培训中。在许多地区，主动参加就业培训的被征地农民占比很小。

4. 农民自主创业的环境因素制约

被征地农民自主创业需要考虑的环境因素主要有创业资金数量、政府相关政策、创业所需基础设施建设、创业选择的行业发展前景等。[④] 征地补偿金一般只能勉强保障被征地农民的日常生活开支，无法支撑创业所需的全部资金。在大多数情况下，农民想要创业必须依靠外部资金。尽管我国目前对农民自主创业建立了系统的政策支撑体系，在税收和行政费用等方面都提供了

①　王丹玉. 被征地农民就业问题研究 [D]. 荆州：长江大学，2020.
②　张来雪，于莉. 被征地农民再就业问题研究 [J]. 合作经济与科技，2020 (20)：134 – 137.
③　王照浩. 新型城镇化视阈下被征地农民就业问题研究 [D]. 济南：山东大学，2015.
④　李祥兴. 被征地农民创业的制约因素及其对策 [J]. 山东科技大学学报（社会科学版），2007 (1)：66 – 69.

减免或补贴政策，但政策性金融支持体系仍需要改进优化，相关政策扶持资金对被征地农民创业支持力度有限，同时许多金融政策可持续性差，周期短，存在"重培训前选拔、轻培训后扶持"现象。此外，被征地农民自主创业受到地方经济制约，地区经济发展水平、城镇化进程、产业结构都会影响农民的创业机会以及农民对待创业的思想观念。

3.3.3　针对补偿政策工具与劳动能力失衡的对策建议

1. 完善被征地农民的征地货币补偿政策

对于无劳动能力的被征地农民，尤其是中老年农民群体，政府应该通过扶贫机制等手段满足其基本的生产生活需求，稳定的社会保障是保证这些困难群体生活水平的必要前提。另外，在被征地农民的许可下，应尽量减少一次性征地补偿金付清方式，转而采用"征地补偿＋社会保险"等不同方式的组合，提高被征地农民在失地后的生活水平。对于具有劳动能力的农民，应该丰富货币补偿形式，政府可以将部分补偿费用于就业安置或创业扶持中，以就业补助、失业保障金的方式发放。对于进行自主创业的被征地农民，可以提供相关的政策性金融支持和优惠利率的融资渠道等。

2. 健全被征地农民的就业保障政策

政府需要在农民就业安置过程中起到保障和指引作用，帮助被征地农民寻求未来发展。在征地过程中，应加强对被征地农民就业的重视，在劳动能力评估的基础上，对被征地农民的就业进行支持与保障，为被征地农民就业创造空间。第一，搭建农民再就业平台和信息共享平台，明确各部门在就业安置中的职责，打通利益诉求通道，有效保障被征地农民的相关权益。为了更好地提供就业服务，政府需要建立完备的就业服务机构以及相关就业信息服务部门，在保证信息质量的基础上，采用多元化的方式提高被征地农民获取就业信息的效率，比如设置公告栏、集会、传单、互联网平台等。第二，加强被征地农民的就业保障支持。各地政府应尽快完善被征地农民的就业保障政策，确保被征地农民与城市劳动者享有同等的劳动权利，完善被征地农民的失业保险和救助制度，设立针对被征地农民就业的保障金，由政府、集体和被征地农民三方共同出资，为被征地农民提供相应的生活补助，保证农民在寻求就业过程中有较为宽松的生活环境。①

3. 加强被征地农民的素质教育和技能培训

在素质教育方面，政府应该尽量满足被征地农民提升自身受教育程度的需求。不论是参与就业还是自主创业，文化知识对被征地农民能否取得收入均具有显著影响。政府部门应该完善被征地农民的继续教育机制，完善被征地农民的受教育资料并为之提供适宜且可行的教育渠道，为被征地农民参与成人教育、夜校学习提供便利条件及优惠政策，保证被征地农民在就业过程中保持竞争力。②

完善被征地农民的技能培训体系是政府制定和实施就业安置政策工作的重点，也是解决被征地农民就业难题的重要手段。首先，应该加强政府与企业的联系，形成"培训＋就业"的被征地农民就业平台，加强培训的实用性和可行性，以企业作为就业培训的主体，由政府发挥引导及监督作用。其次，各地政府应完善培训费用支出分配条例，提倡政府、用人单位及被征地农民合理分担培训费用。最后，政府部门应健全被征地农民的信息采集机制、培训机构资质认证机制、专业培训及考核机制和信息反馈机制。①对于自主创业的农民群体，应该将创业培训分成两个阶段：培训前选拔阶段和扶持创业阶段。"重培训前选拔，轻培训后扶持"的做法无法使农民创业培训取得应有的效果。此外，应该注意培训的层次性，对年龄、文化及性别做出合理区分，提供与之配套的培训体系。③

4. 对被征地农民自主创业进行扶持

在征地过程中，政府应该尊重被征地农民的创业精神，鼓励农民进行自主创业。首先，政府对有创业意愿的农民进行引导和扶持，提供创业指导培训，通过政策扶持被征地农民创业。政府可以在合理范围内为创业农民提供贷款担保、政策优惠及税收减免等。其次，政府应该发挥服务职能，设立信

---

① 翟年祥，项光勤. 城市化进程中被征地农民就业的制约因素及其政策支持 [J]. 中国行政管理，2012（2）：50 - 53.

② 张来雪，于莉. 被征地农民再就业问题研究 [J]. 合作经济与科技，2020（20）：134 - 137.

③ 李祥兴. 被征地农民创业的制约因素及其对策 [J]. 山东科技大学学报（社会科学版），2007（1）：66 - 69.

息服务部门，为被征地农民提供迅捷有效的信息渠道以满足农民的创业信息需求。最后，各级政府部门可以成立专门的创业服务机构，为创业者提供政策与法规咨询，简化办事程序，为自主创业提供便利与指导。

此外，应该加快政策性金融支持的推进机制，为农民自主创业提供多元化、有保障、可持续的资金支持。政府部门可以针对农民的创业融资需求，进一步提高支撑力度。同时可以成立专项创业基金，单独用于被征地农民的自主创业与发展。最后，应该完善农民创业的融资体系与制度，一方面保证被征地农民及时得到创业资金支持，另一方面也要保证创业者借后还得起，进而实现农民创业融资过程的良性循环。

5. 帮助被征地农民转变观念

为了更好地将征地补偿政策落到实处，许多被征地农民的自身观念需要转变。一方面，要提升被征地农民选择就业安置或自主创业的意愿，另一方面，也要鼓励被征地农民积极参与就业创业培训，提高自身素质。政府需要在被征地农民转变观念的过程中发挥引导作用，做好思想教育工作，逐步转变被征地农民的思想。在引导过程中运用丰富且创新的方法与技巧，注重理论与实际相结合，从被征地农民角度出发提高其就业、创业的意愿。

新城镇化的征地补偿不能仅简单依赖于传统模式下的补偿路径，还需要将被征地农民的个体异质性纳入统筹范围，通过此举提供更加精细化的补偿策略。忽视农民的个体特征及劳动能力的差异，将无法满足被征地农民的长期生活需求，也不利于社会的长期稳定。本书提出的劳动能力评估体系以农民的个体差异为基础，从劳动行为能力、工作技能、个人特征和社会资本四个方面对被征地农民能力进行评估，为征地农民劳动能力与政府补偿政策间的差异分析提供可能，同时也丰富了政府制定补偿政策的手段。然而，征地补偿并非只是满足被征地农民的自身需求，政策的公平公正同样十分重要。在补偿政策制定过程中，除了需要将补偿手段与被征地农民的劳动能力相匹配，还需要从社会公正角度出发，对社会保障补偿机制进行差异化设计。因此，本书也将基于家庭的视角对被征地农民的利益公平偏好做进一步分析，提供更加合理的补偿机制。

第4章

基于社会公正视角的差异化社会保障补偿机制设计

4.1
被征地农民在项目补偿中的利益问题

近年来，伴随着大量的人口不断涌入城市以及城市的飞速发展，对土地的需求飞速增加。随之而来也出现了土地征收导致的各种矛盾，包括土地征收过程中被征地农民知情权和参与权的缺位以及土地征收后补偿不合理、不到位等问题。根据相关部门的统计，2013年我国与土地相关的纠纷问题多达2.38万起，涉事的征地面积超过20万公顷。①

根据《宪法》的相关规定，国家机构可以依法对符合公共利益要求的土地进行征用或者征收并给予补偿。我国的土地征收是强制性的，因为土地征用以公共利益为出发点和落脚点。我国土地实行公有制，包含国家所有和农民集体所有两种形式。而农民集体所有土地的征收是我国土地征收冲突的主要来源，因此本书涉及的土地征收均为农村集体土地的征收。

---

① 国家土地督察公告（第7号）［N］. 2014 - 03 - 21. http：//www. gov. cn/xinwen/2014 - 03/21/content_2642883. htm.

4.1.1 产权制度

根据我国土地产权制度的规定，农村土地归农民集体所有，农民个人只拥有土地的使用权。在土地征收事件中，被征地农民始终处于被动地位，当地政府和土地开发商处于主导地位。

产权是一种用来界定和规范人们与产权主体之间的经济和社会关系的制度安排。[①] 相应地，土地产权制度是规定个人与土地资源使用以及与土地资源配置相关的各种权限，例如土地的所有权和使用权，[①]其中土地征收调整的正是土地的所有权。

自新中国成立以来，我国土地产权制度经历了三次演变。1978 年发源于安徽凤阳的家庭联产承包责任制奠定了我国农村现行的土地产权制度的基础。对于农村土地来说，农村集体经济组织或村民委员会代国家对土地资源进行经营、管理。农村集体土地以村为单位，由村委会平均分配给每一个农民。按法律规定，农民对土地具有 30 年的承包期，在承包期内，农民的土地权益得到法律的保障，为农业生产和经营提供了稳定的环境。农民只拥有土地的使用权，可以依靠土地进行农业相关的生产和经营活动，但无权对土地从事买卖、转让等商业性活动。我国现行的土地产权制度有利有弊，益处是为农民提供了基本的生活保障与稳定的生存环境，而农村土地产权的弊端也随着时代的发展渐渐凸显出来：家庭联产承包责任制在当时能够激发农民的生产积极性，但这种分散的生产方式如今却限制了农业生产活动机械化、规模化的发展。斯科定理表明，若要想资源配置效率实现帕累托最优，则需要满足两个前提条件，即产权明晰和交易成本趋近于零。由此可知，在土地资源的配置中，清晰明确的产权制度对土地征收冲突的解决至关重要。

我国土地所有权的主体以及产权范围界定不清晰。[②] 首先，土地征收涉及

---

① 吴九兴，王秀兰．土地产权与被征地农民土地权益保护 [J]．经济体制改革，2008（6）：103 - 106.

② 吴渭，刘永功．产权视角下的农村土地征迁与利益博弈 [J]．兰州学刊，2015（2）：204 - 208.

土地所有权的转变。虽然农民个人只拥有土地的使用权，但是农民同样是农村集体组织中的一员，共同享有土地的所有权。然而现实是，在土地征收的过程中，全权参与的是村委会，农民往往被排除在土地产权主体之外。其次，我国土地产权范围界定不清晰。依据产权的可分性，对于农村土地而言，产权束从使用性质上可以分为农业使用收益权、土地发展权、土地保障权以及生态景观权等。[①] 在实际的征地补偿中，被征地农民所获得的补偿费用并没有包含土地的增值收益，即土地发展权所对应的补偿。土地发展权作为土地产权中重要的组成部分，是土地用途改变时土地所有者所损失的机会成本。[②] 因此在征地过程中，征地补偿费用必须充分考虑土地发展权。土地产权范围的模糊化和对土地发展权的忽视，导致影响了被征地农民的土地增值收益，使得征地补偿标准过低，导致征地冲突。

4.1.2　土地征收中的地方政府

1963 年斯坦福研究所明确定义了利益相关者的概念，认为"利益相关者是一个团体，若没有这个团体的支持，组织活动就难以为继"。[③] 土地征收是一项涉及多元利益主体的事件，因此若要探索征地冲突产生的根源，则必须明确各利益主体的利益取向和立场。土地征收事件中涉及的利益相关者众多，包括政府、被征地农民、农村集体经济组织和土地开发商等。在土地征收中，地方政府扮演着重要的角色。

首先，我国土地实行公有制，土地资源的配置均由中央政府负责管理。中央政府实行行政分权，将土地征收的权利授权给地方政府。同时，我国《中华人民共和国土地管理法》也赋予了地方政府一定的征地审批职权。因此在土地征收权方面，地方政府拥有较大的话语权。其次，被征地农民与村委会同样存在委托关系，对于农村土地，农村集体经济组织代国家对农村土地

---

① 张良悦. 土地发展权框架下被征地农民的补偿 [J]. 东南学术, 2007 (6)：4-9.

② 吴九兴，王秀兰. 土地产权与被征地农民土地权益保护 [J]. 经济体制改革, 2008 (6)：103-106.

③ 谭术魁，涂姗. 征地冲突中利益相关者的博弈分析——以地方政府与被征地农民为例 [J]. 中国土地科学, 2009, 23 (11)：27-31, 7.

资源进行管理。农村集体经济组织的权利来源于全体农民，村委会通常作为农村集体经济组织代替农民行使权利和履行义务。在土地征收事件中，被征地农民委托村委会代理行使其土地的合法权利，与地方政府进行谈判。村委会代表被征地农民向地方政府传达诉求和意见，为被征地农民争取合理的补偿。最后，地方政府与村委会之间也存在委托代理关系：在征地过程中，虽然地方政府由中央政府授权行使土地征收权并组织土地征收事宜的实施，但是基层农村的土地征收事务并不是由县级以上地方政府直接管理，而是委托给当地的村委会代为管理。村委会是管理我国基层事务的基层管理组织，根据《中华人民共和国村民委员会组织法》的相关规定，村民委员会负有办理本村的公共事务和公益事业，调处解决民间纠纷，协助维护社会治安，向人民政府传达村民的意见、要求和提出建议的义务。因此在土地征收事件中，村委会除了作为被征地农民的代理外，同样是地方政府管理土地征收事务的代理。在理想情况下，村委会作为中间人，是连接被征地农民与地方政府的桥梁，能够促进被征地农民与地方政府之间的有效沟通，保证土地征收的顺利进行。但是由于村委会双重代理的身份缺乏足够的监管，可能会导致被征地农民的利益受到损害。

地方政府实际上是土地征收的执行者，被征地农民则是土地征收的被代理者。这其中存在中央政府委托地方政府代理执行征地的权利以及农村集体经济组织存在双重代理身份的情况。地方政府拥有较大的话语权，而被征地农民则存在丧失话语权的可能。

4.1.3 征地补偿利益问题产生的原因

1. 农民参与权与主体地位的缺失

首先，农民只拥有土地的使用权，对土地的所有权只在农村集体中才得以体现，这也是农村集体经济组织与被征地农民之间委托代理关系的本质所在。由于土地征收具有强制性，被征地农民对是否征地并无决定权，从而被排除在征地决策之外。例如在工程建设中，对于是否要征地、何时征地以及征地面积和补偿标准等问题，被征地农民基本丧失话语权，而土地征收的后果又完全由被征地农民承受。①

其次是信息不对称。被征地农民获取信息的渠道有限，一般是通过村委会通知的方式，而村委会可能不会详细解释征地拆迁的事宜，大多被征地农民对于自己拥有的合法土地权益并不清楚。由于被征地农民与地方政府之间存在信息不对称，且缺乏对土地价值的认知，因此有的地方政府以及开发商等利益相关者会利用信息优势侵害被征地农民的利益，导致出现征地补偿标准过低和拖欠补偿等问题。②

最后，被征地农民缺乏表达自身合理诉求的渠道。被征地农民文化程度不高、自我组织能力差，导致被征地农民群体缺乏凝聚力，通常只会通过闹事等不理智的方式表达自己的不满和诉求。村委会是农村的基层行政组织，负责管理和经营农村集体土地，代表着农民的集体利益，同时村委会同样是地方政府的下辖单位，受地方政府的管辖。

归根结底，土地征收补偿困境与政府职能的错位相关，突破困境的方法就是转变政府角色。转变政府角色需基于两个基本原则，一是重新定位政府角色，明确角色定位，制定落实相关法规，严格监督；二是明确农民的土地产权，按照市场价格进行补偿，严格规范"公共利益"的范围，切实保障农民的土地权益和国家公共利益。

2. 征地补偿的标准低

在众多土地征收冲突的案例中，被征地农民与地方政府的矛盾主要集中在征地补偿问题上。土地是农民赖以生存的生产资料，是农民生活的物质保证。当农民的土地被征收时，他们不仅失去了土地带来的农业收入，同时也失去了保障和安全感。被征地农民被迫进入城市，面对陌生的城市环境以及较高的生活成本，合理且有保障的征地补偿也就成为被征地农民最为关心的重要问题。

我国征地补偿标准过低是一个由来已久的问题。农村土地征地补偿费用主要由土地补偿费用、安置补助费用以及地上附着物和青苗补偿费构成。

---

① 梁浩君. 政府主导型土地征收补偿机制研究 [D]. 宁波：宁波大学，2011.
② 吴渭，刘永功. 产权视角下的农村土地征迁与利益博弈 [J]. 兰州学刊，2015（2）：204 - 208.

2004～2019 年，我国征地补偿标准一直采用土地产值倍数法。我国农村土地的承包期限为 30 年，但实际上该承包期限可以延长。而我国征地补偿标准给予被征地农民的补偿仅仅包含 6～10 倍的土地年产值，即仅仅补偿被征地农民 6～10 年的土地收益，可见，以土地产值倍数法为标准的补偿方式不能保障农民的利益。

我国征地补偿标准落后于时代的发展，导致被征地农民对补偿标准的不满逐渐强烈。征地补偿标准过低同样引起了国家的重视，2019 年颁布的《中华人民共和国土地管理法》将征地补偿标准调整为已在地方实践多年的区片综合地价法，在一定程度上提高了征地补偿，但这一方法仍以土地年产值为重要指标，最终结果较土地产值倍数法计算出的结果并没有很大的提升。区片综合地价法仍然无法脱离传统计价方式的窠臼，没有充分考虑土地的市场价值。

基于上面的分析，本书提出以下几点建议：第一是完善征地补偿标准。征地补偿标准的制定需要以维护农民利益为原则，同时需要考虑土地的增值收益和市场价值，保障农民的生活质量不下降。第二是明确被征地农民的征地补偿主体地位。被征地农民是土地征收的直接利害关系人，但所得征地补偿收益却最低，不符合公平原则。因此有必要明确被征地农民的征地补偿主体地位，提高被征地农民的土地收益，保证公平合理。第三是扩大征地补偿范围。应在现有基础上增加基础设施投入补偿和迁移补偿等项目。① 第四是多元化征地补偿。除了货币补偿之外，为被征地农民提供社会保障补偿，并结合就业、土地入股等多种补偿方式制定科学合理的补偿方式。

3. 社会保障体系的缺失

我国征地补偿最常见的补偿方式为货币补偿。通常情况下，被征地农民仅获得一次性的货币补偿，或者分期发放的补偿，除此之外没有额外的补偿。被征地农民所获得的征地补偿往往无法达到维持现有生活质量不下降以及保障长期生活的目标。我国现有的征地补偿忽视了土地发展权所对应的机会成本（即土地的增值收益），导致征地补偿过低，无法为被征地农民提供长期有效的社会保障。从世界范围来看，不同国家由于土地制度不同，对于土地征

---

① 梁浩君. 政府主导型土地征收补偿机制研究［D］. 宁波：宁波大学，2011.

收的原则也有差异。征地补偿一般遵守 3 种补偿原则，分别是完全补偿原则、相当补偿原则和不完全补偿原则。^① 其中，完全补偿是指补偿被征地农民的所有损失；不完全补偿是指仅补偿被征地农民显性、可量化的损失；而相当补偿处于上述两种原则之间，需要根据实际情况选择采用两者中的一种。一般而言，我国征地补偿遵循不完全补偿的原则。单纯的货币补偿只能保障短期生活，并不能解决长期问题。被征地农民一旦陷入失业、疾病等生存危机，他们的生活将难以为继。因此，必须在货币补偿的基础上，为被征地农民提供长期有效的社会保障，完善征地补偿的社会保障机制，切实保障被征地农民的长远生活。

4. 申诉困难

当前我国征地冲突频发的一大原因是土地纠纷处理不合理，主要表现在以下三个方面。首先是申诉机制不完善。我国关于土地征收纠纷相关的法律法规并不完善，信访等申诉制度的缺位以及申诉渠道的缺乏，使得我国申诉机制未能肩负起保护农民利益的责任。其次是农民的法律意识缺位。由于我国农民文化水平普遍较低，对法律法规缺乏认识，产生纠纷时不懂得如何使用法律来捍卫自己的权利，在这种情况下，很多农民往往采取上访或者暴力抵抗的形式进行申述。最后是农民的申诉成本高、周期长。被征地农民忙于生计，无法把太多的精力放在申诉上，最终不了了之。

4.2

基于被征地农民利益公平偏好的分类模型构建

我国征地补偿机制已由单一化向多样化发展，但是这些补偿方式的提出不是以被征地农民的立场为出发点，并没有充分考虑他们的利益偏好，限制了征地补偿效率的发挥。因此，有必要以被征地农民的需求利益偏好为出发点，探索更有效率的征地补偿机制。本节主要通过分析被征地农民的需求利

---

① 杨曦，童怡. 公共利益理论视角下我国农村土地征收补偿机制研究［J］. 市场周刊，2018（6）：153－155.

益偏好，构建农户分类模型，为建立差异化征地补偿机制奠定基础。

4.2.1 公平补偿理论

公平理论认为人的公平感知来源于自身比较以及与他人的比较。其中，与他人的比较即为横向比较，就是个人所获得的回报与付出的比值与他人回报与付出的比值进行比较，从而判断公平与否。表达式为：

$$\frac{Q_p}{I_p} = \frac{Q_o}{I_o} \tag{4-1}$$

式（4-1）中，Q_p 表示对自己获得的报酬的感觉，Q_o 表示对他人获得的报酬的感觉，I_p 表示自己对个人所作投入的感觉，I_o 表示自己对他人所作投入的感觉。当上式不相等时，不公平感产生。

与自身的比较即为纵向比较，是指自身不同时间段的比较。具体而言就是当前个人所获得的回报与付出的比值与之前个人的回报与付出的比值进行比较，从而判断公平与否。表达式为：

$$\frac{Q_p}{I_p} = \frac{Q_h}{I_h} \tag{4-2}$$

式（4-2）中，Q_h 表示对自己过去报酬的感觉，I_h 表示对自己过去投入的感觉。当 $\frac{Q_p}{I_p} < \frac{Q_h}{I_h}$ 时，不公平感产生。

当前我国土地征收冲突频发，在一定程度上正是公平正义缺乏的体现。[①] 根据上述公平理论，征地补偿同样需要进行横向和纵向两种比较，才能实现真正的公平。其中，对于补偿的横向公平，要求对不同征地项目的补偿标准必须对等，做到公平合理；对于补偿的纵向公平，要求给予被征地农民的征地补偿必须与他们所遭受的损失相等同，按照完全补偿的原则进行补偿。综上所述，公平的征地补偿是指按照完全补偿原则，建立统一补偿标准的征地补偿方式，这种补偿方式能够实现保证被征地农民的生活水平不下降，并保

---

① 魏佳兴. 农民土地意识分化及其对征地意愿的影响研究 [D]. 杨凌示范区：西北农林科技大学，2019.

障其长期生活的补偿目标，从根本上消除征地冲突问题。

公平正义是保障社会和谐稳定的前提条件，征地补偿必须以公平正义为基本原则。若要保障公平正义在征地补偿制度中的实施，必须从制度入手。一个科学、公正的征地补偿制度是实现公平补偿的根本保证，是解决征地冲突的治本之策。

4.2.2　农户的需求分析

根据马斯洛需求层次理论，随着低层次需求的满足，人们会不断向高层次需求转变。换言之，人们所处的社会环境、经济水平和地位的不同也会导致需求层次的不同。当一个人的经济水平较差、社会地位较低时，他往往倾向于生理和安全需求，反之则追求社交、尊重以及自我实现等需求。根据需求层次理论可知，在土地征收事件中，不同的被征地农民对征地补偿有着不同的需求，同一征地补偿方式对于不同被征地农民的效用也不一致，导致征地补偿的效果不佳。因此，以被征地农民需求为出发点制定征地补偿制度，可以有效提高征地补偿的效率和被征地农民的满意度，解决征地冲突。

由于土地征收以农户为基本单位，因此研究被征地农户的需求偏好有利于实现公平正义的补偿。本书中，农户是指具有农村户籍并且承包土地的家庭。[①] 与个人需求相似，农户同样有着自己的需求。因此，马斯洛需求层次理论同样适用于农户。一方面，农户首先是一个家庭，具有社会属性；另一方面，农户也是一个经济组织，具有经济属性。农户的需求相较于个人需求较为复杂：对内，农户中的每个家庭成员都有着各自的需求，对外，农户作为一个整体又代表所有成员的共同需求。此外，农户作为一个社会组织也具有社会需求。

4.2.3　农户分类

农户的需求偏好受到各种主观和客观因素的影响，例如农户的收入情况、

---

① 李发杰. 基于农户类型视角的耕地集约利用研究 [D]. 曲阜：曲阜师范大学，2017.

家庭成员的性别构成、年龄和健康情况以及家庭的规模等。不同特征农户的需求偏好也不相同。制定公平正义的征地补偿制度必须充分了解和考虑农户的需求及偏好，采取差异化的补偿方式，只有这样才能构建和谐的土地利益关系，促进社会和谐稳定与公平正义。关于农户类型的划分，不同文献有不同的标准。当前最常以农户的非农收入占比为划分标准，除此之外还采用劳动倾向、对生计资产（土地等）的依赖程度、农副产品的市场配置程度等标准来划分农户类型。①

　　上述农户类型划分标准仅仅从收入或者资产等单个角度对农户进行划分，这种划分方式过于粗糙，不能完整刻画农户类型与征地补偿之间的关系。本书在非农收入占比的基础上，将农户的健康、教育、劳动力占比、负担比和征地面积占比纳入农户类型划分标准当中，以期准确把握不同农户类型的需求偏好，构建科学合理的差异化补偿机制（如图 4-1）。

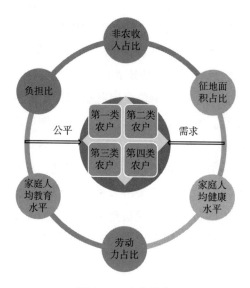

图 4-1　农户分类

资料来源：笔者自绘。

　　依据上述六项标准，综合各项标准的等级得分对农户进行分类。表 4-1

①　李发杰. 基于农户类型视角的耕地集约利用研究 [D]. 曲阜：曲阜师范大学, 2017.

为各项标准区间划分和相应的等级得分。

表4-1   标准等级划分

指标	区间	等级得分	指标	区间	等级得分
非农收入占比	[0, 15]	1	征地面积占比	(0, 25%]	1
	(15%, 55%]	2		(25%, 50%]	2
	(55%, 85%]	3		(50%, 75%]	3
	(85%, 100]	4		(75%, 100]	4
家庭人均健康水平	差	1	劳动力占比	(0, 15%]	1
	一般	2		(15%, 50%]	2
	好	3		(50%, 100%]	3
家庭人均教育水平	初中及以下学历	1	负担比	(50%, 100]	1
	高中及以下学历	2		(15%, 50%]	2
	大学及以上学历	3		(0, 15%]	3

资料来源：笔者自制。

第一，非农收入占比的划分标准基于前人的研究①划分为四个等级，分别为纯农户、兼业户Ⅰ、兼业户Ⅱ和非农户，每一个等级的得分依次为1~4分。其中，纯农户是指家庭收入完全或者八成以上来自农业收入，即依靠土地的收入。纯农户一般缺乏非农业的就业能力，失去土地也就失去了主要的收入来源，同时由于缺乏就业能力，只能依赖于征地补偿。对于兼业户来说，家庭收入由两方面构成，即农业收入和非农业收入。在该类农户家庭中，一般有家庭成员长期或者间断从事非农产业，具有一定的就业能力和工作经验。相较于纯农户，兼业农户能够更好地适应征地后的变化，所以兼业农户失地之后的境况相对较好。对非农户来说，家庭收入主要来源于非农就业，对土地的依赖程度较低，同时非农户家庭的就业能力较强，工作经验丰富，是城镇化的直接受益者。

第二，征地面积占比是指征收土地的面积占农户拥有土地的比例。征用土地占比的不同对农户的影响及需求偏好也不同。本书把征地面积占比划分

① 李发杰. 基于农户类型视角的耕地集约利用研究 [D]. 曲阜：曲阜师范大学，2017.

为 4 个区间等级，依次为 1 ~ 4 分。征地面积占比较低时，对农户的影响较小，农户容易接受直接的征地补偿。随着征地面积占比的增加，征收土地对农户的影响越强，农户对征地的接受程度越低，因此必须选择符合农户利益需求的征地补偿方式。

第三，家庭人均健康水平同样对农户的补偿需求有较大的影响。本书把家庭人均健康水平划分为 3 个等级，分别为差、一般、好。当家庭健康水平较差时，家庭医疗和收入的压力较大，因此农户需求偏向于经济和社会保障等需求。

第四，家庭人均教育水平直接影响农户家庭的征地需求。本书把家庭人均教育水平划分为 3 个等级。教育水平越高，就业能力越强，越容易融入城市，对农地的依赖程度越低，所以也更能接受征地补偿。

第五，劳动力占比是指家庭中年龄在 16 ~ 59 岁的人口占整个家庭人口的比例。本书把劳动力占比划分为 3 个等级。劳动力占比越高，对就业的需求越高。

第六，负担比是指家庭中孩子和需要赡养的老人的比例。家庭的负担比越高，农户的经济压力越大。由于需要考虑子女的教育和老人的养老，所以农户对就业、住房和社会保障都有较高的需求。

每个家庭都具有上述 6 项指标，依据家庭每一项标准相应的等级得分得到综合得分。所有家庭的综合得分分布在 6 ~ 20 分，本书将家庭划分为四类（如表 4 - 2 所示）。

表 4 - 2　　　　　　　　　　　农户类型划分

农户类型	第一类	第二类	第三类	第四类
综合得分	[6, 8)	[8, 12)	[12, 16)	[16, 20]

资料来源：笔者自制。

根据表 4 - 2，所有农户均可以按照六项指标划分为相应的类别。其中第一类农户的六项指标的得分总和在 6 ~ 8 分，整体得分较低，缺乏优势。这一类农户主要特征是农业收入占比高，对土地的依赖程度较高，家庭收入低，缺乏劳动力，同时家庭负担较重，就业能力较差。该类农户在所有农户中的占比不高，但需要重点关注，给予足够的帮助。第二类农户的得分在 8 ~ 12

分，平均每一项指标得分处于 1~2 分，这类农户是占比最多的一类农户。在大多数情况下，这类农户具有一个优势项和至少一个弱势项，需要根据其优势项和弱势项安排合理的补偿。第三类农户的总得分在 12~16 分，平均每一项指标得分处于 2~3 分，一般具有至少 2 个优势项。相较于第二类农户，该类农户对土地的依赖程度进一步降低，非农就业能力进一步提高。第四类农户是所有农户中最少的一类农户，该类农户的得分处于 16~20 分，整体上各项指标均处于较高水平，没有弱势项。这类农户对土地的依赖程度较低，并且具有较好的非农就业能力和抗风险能力，因此他们能够更好地适应城市中的生活。

4.3
农户分类情景下的差异化补偿模式效用分析

在人口不断集聚以及城市飞速发展的背景下，城市向周围地区扩展的速度加快，对土地的需求同样飞速增加。随着土地征收的规模与日俱增，我国征地补偿方式也不断发展，货币补偿和就业安置是我国征地之初的补偿方式。然而，由于一次性货币补偿方式存在补偿标准低、缺乏保障措施等问题，损害了被征地农民的利益，不断引发各种矛盾冲突。因此，为了缓解征地矛盾，保障被征地农民利益，近年来各地政府按照当地的实际情况纷纷创新征地补偿方式。纵观全国，当前我国实行的征地补偿方式主要有 7 种，分别为货币补偿、留地安置、就业安置、住房安置、土地入股、社会保障安置和农业安置。虽然我国征地补偿方式有了很大的创新与完善，但在实行过程中，仍然是一地统一使用同一种补偿方式，并没有改变其单一的本质。这种征地补偿方式忽略了农户之间的差异，不能很好地满足不同农户的需求。

通过上文的分析已知，被征地农民对于征地补偿存在不同的需求，不同类型的农户对征地补偿的需求偏好也存在差异，同一种征地补偿方式对于不同类型农户的补偿效用不尽相同。考虑到上述农户的差异性，本书认为有必要立足于被征地农户的需求偏好，制定符合农户需求的差异化补偿方

式。本节分析了我国现行的 7 种不同征地补偿方式对不同类型农户的补偿
效用。

4.3.1　货币补偿的效用

货币补偿是我国应用最为广泛的一种征地补偿方式，它是指在土地征收
过程中，地方政府完全采用货币的形式，通过一次性或者分期的方式对被征
地农民的损失进行补偿。在该模式下，地方政府只需将补偿金交付给被征地
农民，不用承担其他责任。

货币补偿的模式对四类农户都具有一定的效用，但是这种模式存在较大
的缺陷，因为仅仅是货币补偿并不能解决被征地农民失去土地后的各项问题，
更何况我国货币补偿标准较低。因此，货币补偿是必须具备的，但货币补偿
并不是全部。

4.3.2　留地安置的效用

留地安置，即按征地面积的一定比例将土地返还给农村集体经济组织以
安置被征地农民。具体而言，地方政府在给予被征地农民必要的经济补偿外，
还应结合返还土地的方式对被征地农民进行补偿。农村集体经济组织可以通
过对返还土地的开发和经营来促进农村集体经济的发展，惠及被征地农民。
该安置模式发源于经济水平较高的地区，后推广开来。留地安置不仅解决了
被征地农民的就业问题，还使农民获得土地增值收益，保障了被征地农民的
利益。这种方式同样为政府节省成本，减轻了财政负担。

采用留地安置模式对于四种类型的农户来说均具有较高的效用，因为留
地安置模式是一种长期保障的安置方式，能够保障被征地农民持续获取土地
的增值收益。但是这种安置方式仍然存在一些局限性：首先留地安置方式并
不适用于所有征地，只适用于经济开发区和城郊接合部，并且不同的留地安
置产生的收益也不同，城乡接合部产生的收益较好。其次留地安置的持续收
益受到企业经营情况的影响。

4.3.3　就业安置的效用

就业安置是指在土地征收过程中，除给予被征地农民必要的货币补偿之外，地方政府或者征地单位为被征地农民提供工作安排。其中，地方政府安排就业主要是通过给予被征地农民一定的政策福利，结合就业培训等方式为被征地农民解决就业难问题；征地单位安排就业是指征地单位内部吸纳被征地农民，解决其就业问题。该种安置模式应用广泛，优点是有利于解决被征地农民长期生活保障缺失的难题，缺点是被征地农民的就业问题并不是一劳永逸的，被征地农民依然存在失业的风险。

对于第一类农户来说，就业安置效用最好。因为第一类农户的六项指标得分均偏低，换言之，这一类农户收入主要来源于土地，家庭负担较重，而且由于教育水平较低，就业能力也偏弱。就业安置能够在该类农户失去土地收入来源的情况下，及时弥补家庭收入，提升农户的就业能力。

对于第二类农户来说，农户的六个指标中通常有一项是其强项，不同的强项对就业安置具有不同的偏好。若该类农户是纯农户或者家庭人均教育水平较高、非农就业能力较强且具有较为丰富的工作经验，那么只有在就业安置能够提供更高收益时，才具有效用，反之则无效用。除此之外，就业安置对第一类农户均具有较好效用。

对于第三类和第四类农户来说，他们一般具有较强的非农工作就业能力以及丰富的工作经验，若就业安置能够为他们带来更多的收益，则具有一定的效用，反之则无效用。

4.3.4　住房安置的效用

住房安置是一种产权调换的安置方式，当涉及征收村民宅基地时，拆迁人采用统一建造或者购买成套房屋的方式来安置被征地农民。[①] 当前我国住房

---

① 李穗浓，白中科. 现行征地补偿安置模式比较分析 [J]. 中国土地，2014（2）：33 - 34.

安置主要有两种方式,即货币安置住房和统建优惠购房,其中货币安置住房是政府一次性提供给被征地农民安置款作为农民购买城市商品房或者自建房的资金;统建优惠购房是指政府为被征地农民统一建设安置房。

对于第一类农户来说,住房安置并不是一个效用高的安置方式。由于第一类农户各项标准得分均偏低,收入主要来源于土地,家庭负担较重,并且由于教育水平较低,就业能力也较差。而住房安置模式极大地改变了农户的生活环境和生活成本,迫使被征地农民融入城市,很难带来更好的效益。

对于第二类农户,若他们在教育、非农收入占比或负担比这几项标准得分较高,住房安置才具有一定效用。除此之外,住房安置对于他们的效用与第一类农户的效用近似。

对于第三类农户来说,该类农户各项指标得分中等偏上,没有明显的弱势,住房安置模式对于他们来说具有较好的效用。

对于第四类农户来说,各项指标得分均偏高,是比较有优势的一类农户。住房安置模式对这类农户来说只是一个中规中矩的安置方式,效用一般。

4.3.5 土地入股的效用

土地入股,即土地使用权入股安置,是指在协商一致的情况下,将征地使用权或者征地补偿费作价入股,获取股份收益。[①] 土地入股是一种新式的安置方式,一方面可以减轻征地企业的财务负担,另一方面让被征地农民获得长期收益。

土地入股模式对于四种类型的农户来说均具有较高的效用,对第一类农户的效用稍差,因为土地入股模式与留地安置模式类似,都是一种长期保障的安置方式。土地入股模式同样存在一些局限性,农民的收益与企业的经验状况密切相关,若经营不善,则农民的利益也将受到损失。此外,农户收益来源于企业股份,而农民大多欠缺相关知识,一旦失去股份,则难以保障其生计。综上所述,土地入股模式对第三、第四类农户的效用较高,对第二类

---

① 国土资源部关于完善征地补偿安置制度的指导意见 [J]. 农村经营管理, 2005 (2): 10 – 11.

和第一类农户的效用依次递减。

4.3.6　社会保障安置的效用

社会保障安置模式是指土地征收后，按有关规定，被征地农民自主提交申请，政府使用其征地补偿资金中全部或部分资金办理医疗、养老等各种保险，使其具有基本保障的一种安置方式。严格来说，社会保障补偿方式包含货币补偿和一定的社会保障补偿。社会保障安置方式是一种长效保障机制，它能够保障被征地农民的生活，尤其受到年龄较大的农民青睐。目前全国大部分地区都规定必须为被征地农民购买保险，一般包括养老保险、医疗保险、最低生活保障、失业保险等。① 该模式在实施过程中存在社会保障不全面和整体保障水平较低的问题。

社会保障安置方式对于四类农户均具有较高的效用，因为它是我国土地征收补偿过程中非常重要的一环，关系着被征地农民的长期生活保障。这种模式与货币安置模式类似，仅仅是社会保障仍是不够的，并且现阶段的社会保障补偿水平较低，无法实现长期有效的保障。社会保障是征地补偿的必要环节，是地方政府必须给予所有被征地农民的应有保障，因此必须转变社会保障安置的定位，使其成为征地补偿中必备的组成部分，同时结合农户的具体情况，因地制宜，满足相应的就业、发展等需求。

4.3.7　农业安置的效用

农业安置是指在土地征收过程中坚持"以土为本""以农为主"的原则，统一配置与被征地农民同等数量和质量的农业生产资料，确保农民有必要的生产资料从事农业生产，保证其生活水平不降低。② 该模式不改变农民的生活方式，能够维持一个稳定的生活状态。

相对而言，农业安置对第一类农户和其他类型中的纯农户具有较高的效

---

① 李穗浓，白中科. 现行征地补偿安置模式比较分析 [J]. 中国土地，2014 (2)：33 - 34.
② 刘军，胡坚. 大中型水利工程农村移民安置方式浅析 [J]. 水力发电，2020，46 (7)：16 - 19.

用，因为这种土地补偿方式可以让被征地农民继续保留土地的生产方式，不用去适应因失去土地而带来的变化。然而对于其他类型农户来说，正是由于农业安置不改变生产方式，才导致农业安置对这类农户的效用不高。

4.4
基于短期经济补偿与长期社会保障的补偿机制设计

4.4.1　明确征地补偿受益主体

由于我国农村土地产权制度只赋予农民土地使用权，土地所用权归集体所有，因此在土地征收过程中，被征地农民的主体地位很容易被忽视。实际上，被征地农民作为个体虽然只拥有土地使用权，但是他们同样是农村集体中的一员，共同分享土地的所有权。归根结底，土地征收中被征地农民的损失最大，他们理应获得足够的补偿。因此必须明确被征地农民的主体地位，保障被征地农民的土地收益。此外，在征地过程中，政府应该充分考虑不同农户的家庭特征及其需求偏好，提供多元化的征地补偿方式。

4.4.2　明确征地补偿范围

2019 年颁布的《中华人民共和国土地管理法》将征地补偿标准变更为已在地方实践多年的区片综合地价法。当前我国区片综合地价法仍以土地年产值为重要指标，最终结果与年产值倍数法计算出的结果没有太大差异。[①] 该标准仍以土地农业产出能力为评估标准，将土地用作农业生产时的价值作为土地的市场价值。显然，仅仅考虑土地作为农用地价值不合适，补偿标准应考虑土地开发的市场价值。

---

① 方涧. 我国土地征收补偿标准实证差异与完善进路 [J]. 中国法律评论, 2019 (5)：76 - 86.

为了保障被征地农民的合法权益，在制定征地补偿政策时，必须坚持公平正义的原则，掌握被征地农民所受的损失，并给予其公正、对等的补偿。因此，征地补偿费用的估算应充分考虑土地农业生产价值和生存保障的社会保障价值，同时要考虑土地的增值。

我国征地补偿标准包含土地补偿费用和安置赔偿费用两种。其中，土地补偿费用相当于土地价值，应以土地的市场价值为基准，依据区片综合地价法进行估价；安置赔偿费用由两部分补偿费用构成，分别是农民安置补助费用以及地上附着物和青苗补偿费。除此之外，公平合理的征地补偿还应该考虑土地发展权所对应的机会成本，即土地的增值价值。因此我国征地补偿费用应该包含三部分，分别为土地补偿费用、安置赔偿费和土地增值补偿费。

$$P = P_1 + P_2 + P_3 \qquad (4-3)$$

上式中，P 表示征地补偿费用，P_1 表示土地补偿费用，P_2 表示安置赔偿费，P_3 表示土地增值补偿费。

4.4.3　建立针对不同类型农户的征地补偿机制

由于不同类型的农户对征地补偿的需求偏好不同，同一种征地补偿方式对于不同类型农户的补偿效用不尽相同，采用单一的征地补偿方式不能解决所有被征地农民的问题。立足被征地农户的需求偏好，可以有效提高征地补偿的效率和被征地农民的满意度，从而解决征地冲突。因此，本书通过分析不同类型农户的征地补偿需求偏好以及不同征地补偿模式的效用，建立了"2＋X"差异化社会保障补偿机制。所谓"2＋X"差异化社会保障补偿机制是在货币补偿和社会保障的基础上，依据不同农户的需求偏好，因地制宜地选择一种符合农户偏好的安置模式。其中，"2"所对应的货币补偿和社会保障是必须给予每一个被征地农民的补偿，"X"则是差异化部分，需要根据农户类型选择。"2＋X"差异化社会保障补偿机制模式是以征地补偿费用的分配方式为基础，货币补偿部分的费用主要来源于土地补偿费用，社会保障费用主要来源于安置赔偿费，差异化补偿方式"X"则主要来源于土地增值补偿费。征地补偿费的分配方式并不是固定不变的，可在大体分配结构不变的情况下，按照实际情况进行调整（如图 4 –2）。

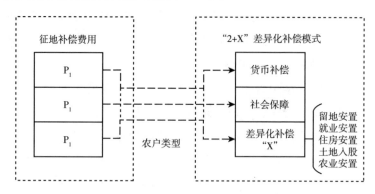

图 4 – 2 "2 + X" 差异化社会保障补偿机制构建

资料来源：笔者自绘。

  首先，货币补偿是政府支付给被征地农民的货币金额，它是征地补偿费用的一部分，以土地补偿费用为基础。征地补偿费用是土地征收过程中政府应该给予被征地农民的全部补偿费用，主要由三部分构成，分别是土地补偿费用、安置赔偿费用和土地增值补偿费。考虑到征地补偿的多样化和农民的实际情况，本书认为这部分费用应该结合不同的安置方式，将征地补偿费用中的土地补偿费用发放到被征地农民手中，其余部分用于差异化的安置补偿。

  其次，社会保障是国家赋予公民的基本权利，目的是保障公民的基本生活。[1] 当前我国的社会保障体系并不完善，被征地农民的养老、医疗等保障仍存在许多问题。[2] 科学合理的社会保障体系是保障被征地农民生活稳定的必要条件，同时也是维持被征地农民生活水平的重要措施，因此必须完善社会保障体系，给予被征地农民充足的社会保障。被征地农民社会保障的费用应该由政府、集体和个人三方共同筹集，其中政府出资比例应不低于50%，集体不低于30%，个人出资比例小于20%。[3]

  最后是差异化征地补偿方式的选择。差异化补偿方式所需要的费用主要来源于土地增值补偿费用。目前 "X" 的具体内容包括留地安置、就业安置、

① 郭晓. 征地补偿机制与被征地农民保障研究［D］. 天津：天津商业大学，2015.

② 张侃. 不同类型被征地农民征地补偿机制研究［D］. 武汉：华中农业大学，2010.

③ 刘小双. 我国被征地农民补偿安置模式研究［D］. 舟山：浙江海洋大学，2011.

住房安置、土地入股安置、社会保障安置和农业安置等多种模式，各地可根据经济发展水平、被征土地的用途及农户的需求偏好进行自由选择。依据本章第三节中不同类型安置模式的效用分析，不同类型农户适合的差异化安置方式的选择结果如表 4 – 3 所示。

表 4 – 3	不同类型农户的 "X" 安置模式的选择
农户类型	"X" 安置模式
第一类农户	农业安置模式、就业安置模式、住房安置模式
第二类农户	就业安置模式、住房安置模式
第三类农户	土地入股安置模式、留地安置模式、住房安置模式
第四类农户	土地入股安置模式、留地安置模式、住房安置模式

综上所述，本书基于农户的需求构建了 "2 + X" 差异化社会保障补偿机制，该机制立足于被征地农户的需求偏好，有利于实现公平正义，有效提高征地补偿的效率和被征地农民的满意度，解决征地冲突，促进社会和谐稳定。

第5章

新城镇化被征地农民的补偿
机制实现路径研究

基于农民福利角度的补偿机制关键绩效指标

征地补偿的目的是保证被征地农民原有生活水平不降低，且拥有良好的生活环境和教育、卫生、交通等配套设施，同时提高被征地农民发展能力和生存能力，增强稳定能力。[①] 征地补偿机制绩效是指一段时期内，征地主体按照征地补偿政策目标实施征地行为后，能够完成政策目标的多寡以及完成度。

征地过程中的两大主体是政府和农民。政府作为征地补偿政策的制定和实施者，主要职责就是依据所制定的政策，结合当地的情况为被征地农民提供服务。政府在落实征地补偿机制时应遵循公平效率的原则，同时农民在接受征地补偿时应同样重视自己所获得的福利。政府的征地行为使得农民做出了牺牲，在这个过程中农民对征地行为的直观感受是衡量政府征地补偿绩效的重要因素，因此本书从农民福利的角度来识别绩效关键指标。被征地农民在被征地后会面临很大的风险，这些风险大致可以分为几个方面：一是收入

---

① 周钧．苏州高新区征地补偿安置政策绩效评价 [J]．中国土地科学，2008（9）：33–37，50．

不稳定。被征地农民在征地前从事传统的农业，由于被征地农民的受教育水平和专业技能较低，征地后所从事的大部分都是低技术水平的工作。相较于之前，被征地农民的收入具有很大的不确定性，一旦丧失了工作，他们的生活将会变得很艰难。二是社会保障问题，其中医疗和养老是比较重要的两项。一次疾病的医疗费用少则千元，多则万元。高额的医疗费用给被征地农民带来很大的压力。随着生活水平的提高，被征地农民在退休后的养老生活同样是一个重要的问题。三是被征地农民的适应性问题。被征地农民在进入一个新的环境生活时，生活和生产方式都会发生很大的转变，难以在短期内融入当地的生活和生产中，对他们的心理和生活都会有一定的影响。①

从被征地农民的角度出发，征地补偿机制的最低要求是征地后的生活水平、住房指标、社会保障和长期的生活起码要维持在之前的水平。实现这一目标的方法就是制定合理的征地补偿标准，建立完善的社会保障体系，制定有效的就业安置政策，从而实现政策有效实施和农民利益切实保障的双赢。为了全面反映征地补偿机制的绩效，本书将征地补偿机制实施过程分为征地补偿机制的执行和征地补偿后农民的状况及政策影响效果两个方面。其中征地补偿的执行方面包括征地补偿安置和保障状况，征地补偿后农民的状况及政策影响方面包括居住环境、生活水平和政策影响效果。

5.1.1　征地补偿安置和保障状况

经济的发展在一定程度上推动着城市的扩张，从而会产生越来越多的征地行为。征地补偿的方式也越来越多样和灵活，目前应用最广泛的补偿方式是货币补偿和社会保障，因此本书从这两个方面进行研究。

货币补偿是最常用的补偿方式，比较容易执行。从短期来看，这种补偿模式有利于减轻政府的负担，从长期来看，该模式无法对被征地农民形成长久的保障机制。② 随着经济社会的不断发展，人们对生活的标准和质量要求也

---

① 吴次芳，鲍海君. 城市化进程中的征地安置途径探索 [J]. 中国土地，2003 (4)：13-15.
② 赵继新，丁娟娟，裴新岗. 被征地农民补偿模式评价及机制研究 [J]. 商业研究，2009 (12)：136-138.

越来越高，我国目前的征地补偿仍然沿用之前的机制，补偿标准相对较低，导致被征地农民的生产和生活不能得到较好的保障。因此，货币补偿是征地补偿中重要的一部分，直接影响征地补偿政策实施绩效。本书选取土地补偿费和安置补助费两个指标作为补偿机制的绩效指标。

社会保障也是征地补偿的一种形式，为被征地农民提供基本的生活保障。南京市在2011年实施了保障安置新政策，为被征地农民提供了社会保障的补偿方式，使其享有养老、医疗、失业、生育等保障。[1] 提供社会保障能够更好地保障被征地农民的基本生活，但同时会加重政府的财政负担。因此，这种补偿方式更多地应用于发达地区和省会城市，适用于经济发展水平高的地区。从被征地农民的角度来说，基本的生活保障能够为他们提供便利和帮助，同时也能提高征地补偿政策实施的绩效。养老保险和医疗保险是社会保障中重要的两种基本保障形式，能够帮助解决被征地农民的养老和医疗问题，为他们提供长久的生活保障。因此，本书将是否参加养老保险和医疗保险作为衡量征地补偿安置和保障状况的绩效指标。

5.1.2　居住环境

在土地被征用后，大量的农民需要改变原有的生活和生产方式，适应新的居住环境和生活是极其不容易的，需要长时间的磨合。[2] 居住环境会直接影响被征地农民的生活和生产，因此这也是本书重点研究的方面。

居住环境对征地补偿政策绩效的影响主要分为两个方面。一方面是被征地农民所处的居住环境的客观情况，比如被征地农民住所的居住面积，周边是否具备良好的教育、卫生、交通等基础生活设施，是否满足被征地农民的生产生活需要等，因此本书选取人均居住面积和生活设施水平作为衡量居住环境的两个指标。人均居住面积越大，生活设施水平越高，越有利于被征地农民适应新环境。另一方面是被征地农民面对征地的主观感受。征地补偿的

---

① 周洁，姚萍，徐玲，陈志刚. 城乡统筹背景下的征地制度改革：南京的补偿安置政策改革及其绩效 [J]. 现代城市研究，2014（8）：25 - 30.

② 鲍海君，吴次芳. 关于征地补偿问题的探讨 [J]. 价格理论与实践，2002（6）：28 - 30.

实施使农民原有的生活习惯和方式发生了变化，被征地农民能否尽快适应这种变化需要政府和农民共同努力。被征地农民对当前的居住环境是否满意、是否适应当前的生活和生产方式，都能够直接反映被征地农民对征地补偿政策实施的直接感受。被征地农民对当前居住的环境越满意，说明征地补偿政策的绩效水平越高，反之亦然。因此本书选取居住环境满意度和新环境的适应性作为衡量居住环境的两个指标。

5.1.3　生活水平

被征地农民的收入和支出可以直接反映他们目前的生活状况。就业是保障生活的主要支柱。目前我国的征地补偿政策缺乏对被征地农民身份转变的引导，致使其发展受限。改革开放以来，政府安置被征地农民主要采用招工安置、货币安置等方式，在一定程度上解决了部分农民就业问题。但随着经济发展，市场对招工的要求越来越高，而被征地农民文化程度低、缺乏专业技术，致使以前的政策失去了原有的效力，被征地农民就业困难依然是亟待解决的重要难题。因此，被征地农民的就业难易程度必然是衡量征地补偿机制绩效的重要指标。除了就业方面，被征地农民的人均收入和支出能直接反映他们的生活水平，从而反映出征地补偿政策实施的效果。

综上，本书采用人均收入、人均生活支出、就业难易程度作为衡量生活水平的指标。

5.1.4　政策影响效果

对征地补偿机制政策影响效果的评估也就是对政府公共服务的评价。征地补偿政策的最终受益者是被征地农民，所以政策的影响效果直接与被征地农民有关。工作人员需要向被征地农民进行政策解读，及时解决农民们的诉求和问题，使农民们充分了解征地的政策和程序，避免产生不必要的矛盾。同时，在征地补偿工作开展的过程中，为保障被征地农民和集体组织的知情权，政府要保障征地过程的公开公正，给被征地农民安心和保障。

综上，本书选取征地补偿水平的满意度、征地补偿资金到位满意度和政策实施透明度作为政策影响效果方面的关键指标。根据以上四个方面的指标选取，本书建立的征地补偿机制绩效评价体系如图 5 - 1 所示。

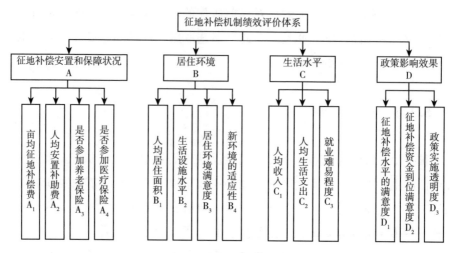

图 5 - 1　征地补偿机制绩效评价体系

资料来源：笔者自绘。

5. 2

被征地项目复合补偿机制的绩效测度模型构建

5. 2. 1　网络分析法简介

本书使用网络分析法（ANP）对征地补偿制度实施绩效进行分析。评价体系的目标层为征地补偿制度绩效评价，即征地补偿制度绩效为本书的评价准则。下面介绍 ANP 模型的计算方法。

1. ANP 法层次结构构建

ANP 法由层次分析法（AHP）发展而来，ANP 的网络层次结构相对于 AHP 来讲更为复杂。ANP 法将系统元素分为控制层和网络层两部分。控制层包括问题目标和决策准则，所有的决策准则均被认为是彼此独立且仅受目标元素的支配。本书的控制层只有一个总目标，即征地补偿机制绩效。作为唯一的评价准则，这种 ANP 模型称为单网络模型。网络层是由所有受控制层支配的元素组成。网络层的元素包括征地补偿安置和保障状况、居住环境、生活水平和政策影响效果。元素之间不是彼此独立的，而是存在复杂的影响关系。控制层和网络层组成了 ANP 层次结构。根据上文所选的关键绩效指标建立的征地补偿制度绩效层次结构如图 5 - 2 所示。

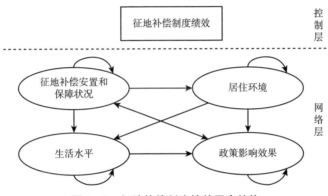

图 5 - 2　征地补偿制度绩效层次结构

资料来源：笔者自绘。

2. ANP 模型的求解

（1）建立判断矩阵。邀请 N 名专家分别对每项指标的相对重要性做出判断，使用 9 级标度法构造判断矩阵，如表 5 - 1 所示。

表 5 - 1　　　　　　　　　　　　　9 级标度法量化标准

标度值	标度含义
1	表示两个因素相比，具有同样重要性
3	表示两个因素相比，一个元素比另一个因素稍微重要
5	表示两个因素相比，一个元素比另一个因素明显重要
7	表示两个因素相比，一个元素比另一个因素强烈重要
9	表示两个因素相比，一个元素比另一个因素极端重要
2、4、6、8	上述相邻判断的中间标度值
倒数	因素 i 与因素 j 比较的判断为 a_{ij}，则因素 j 与因素 i 比较的判断 $a_{ji} = 1/a_{ij}$

资料来源：笔者自制。

（2）未加权矩阵。由于每位专家的判断具有主观性，会对构造判断矩阵产生影响，因此需要对判断矩阵进行一致性检验。假设 ANP 模型控制层有元素 P_1，P_2，…，P_n，网络层有元素组 C_1，…，C_n，其中 C_i 中有元素 e_{i1}，e_{i2}，…，e_{in}，$i=1$，2，…，N。以控制层元素 $P_S(s=1,2,…,m)$ 为准则，以 C_j 中元素 $e_{jl}(l=1,2,…,n_j)$ 为次准则，元素组 C_i 中元素按其对 e_{jl} 的影响力大小进行间接优势度比较，即按表 5-1 中定义的标度进行两两元素比较（见表 5-2），得到构造判断矩阵。

表 5-2　　　　　　　　　　　元素影响关系表

e_{jl}	$e_{i1},e_{i2},…,e_{in_i}$	归一化特征向量
e_{i1}	—	$w_{i1}^{(jl)}$
e_{i2}	—	$w_{i2}^{(jl)}$
⋮	⋮	⋮
e_{in_i}	—	$w_{in_i}^{(jl)}$

资料来源：笔者自制。

由特征根法得排序向量 $(w_{i1}^{(jl)}, w_{i2}^{(jl)}, …, w_{in_i}^{(jl)})'$。如果因素 i 与因素 j 的重要性之比为 a_{ij}，判断矩阵中若存在关系：$a_{ij}=a_{ik}/a_{jk}$，$\forall i,j,k=1,2,…,n$，则称它具有完全一致性。为了检验判断矩阵的一致性，需要计算它的一致性指标：$CI=(\lambda_{max}-n)/(n-1)$，其中 λ_{max} 为判断矩阵的最大特征值。当 $CI=0$ 时，说明判断矩阵具有完全一致性。CI 越大，表示判断矩阵的一致性越差。一般当 $CI<0.1$ 时，可接受矩阵一致性检验。

对于 C_j 中的各个元素重复以上操作，得到相对于其他元素的排序向量，得到矩阵为：

$$W_{ij}=\begin{bmatrix} w_{i1}^{(j1)} & w_{i1}^{(j2)} & \cdots & w_{i1}^{(jn_j)} \\ w_{i2}^{(j1)} & w_{i2}^{(j2)} & \cdots & w_{i2}^{(jn_j)} \\ \vdots & \vdots & \vdots & \vdots \\ w_{in_i}^{(j1)} & w_{in_i}^{(j2)} & \cdots & w_{in_i}^{(jn_i)} \end{bmatrix} \quad (5-1)$$

以上矩阵的列向量代表元素 e_{i1}，e_{i2}，…，e_{in_i} 对 C_j 中元素 e_{j1}，e_{j2}，…，e_{jn_j} 的影响程度的排序向量。如果 C_j 中的元素不受 C_i 中的元素影响，则其权重

w_{ij} 为 0。对于 $i=1，2，\cdots，N$；$j=1，2，\cdots，N$ 重复以下步骤，把所有网络层元素的相互影响排序向量接合起来，得到一个在准则 P_s 下的超矩阵，即未加权超矩阵 W。

$$W = \begin{bmatrix} w_{11} & w_{12} & \cdots & w_{1N} \\ w_{21} & w_{22} & \cdots & w_{2N} \\ \vdots & \vdots & \vdots & \vdots \\ w_{N1} & w_{N2} & \cdots & w_{NN} \end{bmatrix} \qquad (5-2)$$

（3）加权超矩阵。未加权超矩阵为非负矩阵，超矩阵的子块 W_{ij} 是列归一化的，但 W 却不是归一化的。因此，以 P_s 为准则，对 P_s 下各元素组对准则 $C_j(j=1，2，\cdots，N)$ 的重要性继续进行比较，如表 5-3 所示。

表 5-3　　　　　　　　　　　元素组影响关系

C_j	$C_1,C_2,\cdots,C_N$	归一化特征向量（排序向量）
C_1	—	a_{1j}
C_2	—	a_{2j}
$\vdots$	$\vdots$	$\vdots$
C_N	—	a_{Nj}

注：$j=1，2，\cdots，N$。
资料来源：笔者自制。

与 C_j 无关的元素组对应的排序向量分量为零，由此得权矩阵：

$$A = \begin{bmatrix} a_{11} & a_{12} & \cdots & a_{1N} \\ a_{21} & a_{22} & \cdots & a_{2N} \\ \vdots & \vdots & \vdots & \vdots \\ a_{N1} & a_{N2} & \cdots & a_{NN} \end{bmatrix} \qquad (5-3)$$

将矩阵 A 与矩阵 W 相乘就会得到加权超矩阵 $\bar{W}$，$\bar{W}=a_{ij}(W_{ij})$，$i=1，\cdots，N$；$j=1，\cdots，N$。若无特殊说明，以下的超矩阵均为加权超矩阵，并仍用符号 W 表示。

（4）极限超矩阵。在加权超矩阵的基础上计算极限超矩阵：$W^{\infty}=\lim\limits_{t\to\infty} W^t$。如果这一极限是收敛且唯一的，并且各列向量完全相同，则 W 的列向量代表了所有元素的全局权重向量。

5.2.2 绩效测度模型建立

征地补偿的最终目的是为被征地农民提供长期生活保障。[①] 本书在图 5-1 建立的征地补偿机制绩效评价体系的基础上，从征地补偿安置和保障状况、居住环境、生活水平和政策影响效果四个方面对征地补偿机制绩效进行测度。这四个方面分别作为一个元素集，每个元素集又包括各自的元素，并且元素间是相互影响的，这种相互影响包括两个方面：元素集的影响和元素集内部的影响。

1. 元素集的影响关系

"征地补偿安置和保障状况"会影响"生活水平"和"居住环境"。"生活水平"和"居住环境"会影响"政策影响效果"。"居住环境"会影响"生活水平"。同时，"征地补偿安置和保障状况"和"政策影响效果"具有相互影响的关系。

2. 元素集内部的影响关系

对于征地补偿安置和保障状况来说，"亩均征地补偿费"与"人均安置补助费"相互影响。

对于居住环境来说，"人均居住面积""生活设施水平"会影响"居住环境满意度"和"对新环境的适应性"。

对生活水平来说，"人均收入"会影响"人均生活支出"，"就业难易程度"会影响"人均收入"和"人均生活支出"。

对政策影响效果来说，"政策实施透明度"会影响"征地补偿水平的满意度"和"征地补偿资金到位满意度"。

3. 不同元素集内元素影响关系

对于征地补偿安置和保障状况来说，"亩均征地补偿费""人均安置补助费""是否参加养老保险"和"是否参加医疗保险"会影响政策影响效果中的"征地补偿水平的满意度"。

① 周洁，姚萍，徐玲，陈志刚. 城乡统筹背景下的征地制度改革：南京的补偿安置政策改革及其绩效 [J]. 现代城市研究，2014（8）：25-30.

对于居住环境来说，"人均居住面积""居住环境满意度""生活设施水平"和"对新环境的适应性"会影响政策影响效果中的"征地补偿水平的满意度"。

对于生活水平来说，"人均收入"和"就业难易程度"会影响政策影响效果中的"征地补偿水平的满意度"。

5.2.3　权重矩阵确定

本书运用 ANP 法构建权重判断矩阵，进行指标权重确定。判断矩阵的数值，即对一个父元素而言各个子元素对其影响程度的比较，是通过所在行业的专家根据实际情况给出的。

基于征地补偿机制绩效评价的 ANP 模型，本文选取山东省和河北省交界处的某征地补偿项目进行征地补偿机制绩效研究。结合本书提出的征地补偿机制绩效指标，选取 10 位从事征地补偿工作的人员，5 位高校教授及 5 位研究征地补偿机制的研究生构成评估小组，通过问卷调查的方式确定各级指标的权重。问卷结果选择众数为最终结果，避免了评价结果的主观性及片面性。评估小组依据 9 级标度法对指标进行评分，并通过 Super Decision 软件计算指标对应的权重。

首先，控制层的 4 个一级指标可以视作相互独立，由评估小组进行评分，可得到控制层指标间判断矩阵，并通过 Super Decision 软件计算权重，如表 5 -4 所示。

表 5 -4　　　　　　　　控制层指标间判断矩阵及权重

	A	B	C	D	W
A	1	2	1	3	0.351
B	1/2	1	1	3	0.247
C	1	1/3	1	4	0.312
D	1/3	1/4	1/4	1	0.090

资料来源：笔者自制。

网络层的指标权重是在控制指标的重要性程度下确定的。表 5 -5 至表 5 -8 是征地补偿机制绩效评价的四个方面的判断矩阵。然后再对各个判断矩阵进行一致性检验，一致性比率均小于 0.1。

表 5 – 5 征地补偿安置和保障状况判断矩阵及权重向量

A	A_1	A_2	A_3	A_4	W
A_1	1	1	3	3	0.375
A_2	1	1	3	3	0.375
A_3	1/3	1/3	1	1	0.125
A_4	1/3	1/3	1	1	0.125

资料来源：笔者自制。

表 5 – 6 居住环境判断矩阵及权重向量

B	B_1	B_2	B_3	B_4	W
B_1	1	1	2	3	0.357
B_2	1	1	3	2	0.337
B_3	1/2	1/3	1	1/3	0.111
B_4	1/3	1/2	3	1	0.194

资料来源：笔者自制。

表 5 – 7 生活水平判断矩阵及权重向量

C	C_1	C_2	C_3	W
C_1	1	3	3	0.584
C_2	1/3	1	1/3	0.135
C_3	1/3	3	1	0.281

资料来源：笔者自制。

表 5 – 8 政策影响效果判断矩阵及权重向量

D	D_1	D_2	D_3	W
D_1	1	1	3	0.460
D_2	1	1	1	0.319
D_3	1/3	1	1	0.221

资料来源：笔者自制。

本书将表 5 – 4 至表 5 – 8 的计算结果进行整合，得到征地补偿机制绩效评价权重结果（如表 5 – 9 所示）。

表 5 - 9　　　　　　　　　　征地补偿机制绩效评价权重

一级指标	指标权重	二级指标	指标权重
征地补偿安置和保障状况	0.351	亩均征地补偿费	0.375
		人均安置补助费	0.375
		是否参加养老保险	0.125
		是否参加医疗保险	0.125
居住环境	0.247	人均居住面积	0.357
		生活设施水平	0.338
		居住环境满意度	0.111
		对新环境的适应性	0.194
生活水平	0.312	人均收入	0.584
		人均生活支出	0.135
		就业难易程度	0.281
政策影响效果	0.090	征地补偿水平的满意度	0.460
		征地补偿资金到位满意度	0.319
		政策实施透明度	0.221

资料来源：笔者自制。

5.2.4　问卷设计及数据收集

本书提出的征地补偿机制绩效评价体系是基于农民福利的角度建立的，因此调查对象为被征地地区的农民。绩效评价体系中各指标实际值的获取采用问卷调查的方式，通过实地走访安置住房片区，随机面对面邀请住户填写调查问卷。在问卷设计中，对于一些可收集到具体数据的指标，如亩均征地补偿费、人均安置补助费、人均居住面积、人均收入、人均生活支出等指标直接采用数据形式展现；对于是否参加养老保险和是否参加医疗保险这两个指标，采用 0 - 1 变量；对于生活设施水平、居住环境满意度、对新环境的适应性、政策实施透明度等定性指标，在调查问卷中设置了五分制量表。绩效评价指标的度量方式如表 5 - 10 所示。

表 5 - 10 征地补偿机制绩效评价指标度量

元素集	元素	度量
征地补偿安置和保障状况	亩均征地补偿费	调查数据
	人均安置补助费	调查数据
	是否参加养老保险	0＝没有；1＝有
	是否参加医疗保险	0＝没有；1＝有
居住环境	人均居住面积（平方米）	家庭居住面积/总人数
	生活设施水平	5＝好；4＝较好；3＝一般；2＝不太好；1＝不好
	居住环境满意度	5＝非常满意；4＝满意；3＝一般；2＝不满意；1＝非常不满意
	对新环境的适应性	5＝很适应；4＝比较适应；3＝一般；2＝不太适应；1＝不适应
生活水平	人均收入	家庭生活支出/家庭总人数
	人均生活支出	调查数据
	就业难易程度	5＝好；4＝较好；3＝一般；2＝不太好；1＝不好
政策影响效果	征地补偿水平的满意度	5＝非常满意；4＝满意；3＝一般；2＝不满意；1＝非常不满意
	征地补偿资金到位满意度	5＝非常满意；4＝满意；3＝一般；2＝不满意；1＝非常不满意
	政策实施透明度	5＝高；4＝较高；3＝一般；2＝不太高；1＝不高

资料来源：笔者自制。

5.2.5 结果分析

根据上述指标权重确定、数据收集以及数据计算，能够得到所调查地区征地补偿机制绩效评价的结果。通过结果的分析，可以从征地补偿安置和保障状况、居住环境、生活水平和政策影响效果四个方面分析得分情况，了解目前征地补偿机制实施的现状，找到不足，有针对性地调整政策。

本书选取山东省和河北省交界处的某征地补偿项目中的农户进行问卷调查，得到有效问卷 202 份。调查样本的基本情况如表 5 - 11。

表 5 - 11　　　　　　　　　　调查样本基本情况

		人数（人）	占比（%）
性别	男性	108	53.47
	女性	94	46.53
年龄	16 周岁以下	4	1.98
	16 ~ 30 周岁	97	48.02
	31 ~ 45 周岁	47	23.27
	46 ~ 60 周岁	50	24.75
	60 周岁以上	4	1.98
学历	小学以下	7	3.47
	小学	24	11.88
	初中	66	32.67
	中专及高中	38	18.81
	大专及以上	67	33.17

资料来源：笔者自制。

对收取到的问卷数据进行标准化处理，并进行计算，得到该地区征地补偿机制绩效评价结果，绩效得分如表 5 - 12。

表 5 - 12　　　　　　　　征地补偿机制绩效评价权重

一级指标	一级指标得分	二级指标	二级指标得分
征地补偿安置和保障状况	0.254	亩均征地补偿费	0.134
		人均安置补助费	0.094
		是否参加养老保险	0.540
		是否参加医疗保险	0.812
居住环境	0.352	人均居住面积	0.065
		生活设施水平	0.505
		居住环境满意度	0.499
		对新环境的适应性	0.532

一级指标	一级指标得分	二级指标	二级指标得分
生活水平	0.330	人均收入	0.323
		人均生活支出	0.294
		就业难易程度	0.363
政策影响效果	0.477	征地补偿水平的满意度	0.484
		征地补偿资金到位满意度	0.490
		政策实施透明度	0.444

资料来源：笔者自制。

从整体来看，该地区征地补偿机制绩效处于较低的水平，其中征地补偿安置和保障状况以及生活水平是绩效较低的两个指标。从征地补偿安置和保障状况方面来看，是否参加医疗保险和是否参加养老保险两项指标的得分较高，分别为 0.812 和 0.540，说明在该地区大部分居民已享受社会保障。而亩均征地补偿费和人均安置补助费的得分较低，说明在征地补偿过程中经济补偿仍然薄弱，政府需要在考虑被征地农民需求的情况下加大补偿力度。在居住环境方面，人均居住面积得分最低，仅为 0.065，意味着被征地农民目前所居住的房屋面积不足以满足农民生活的需要。另外居民的人均收入和就业依然是重要且严峻的问题，只有具备收入来源才能为居民的长期生活保驾护航。总体来说，在征地补偿机制实施过程中，货币补偿、住房保障、就业安置依然有很大的提升空间。

征地补偿安置和保障状况绩效低下，说明货币补偿和社会保障的机制在征地过程中并没有较高的利用率。一方面可能是这些资源没有高效率应用到被征地农民身上，另一方面可能是分配给征地农民的货币补偿和社会保障资源较少，不能满足被征地农民的需求。如果是居住环境绩效低，说明在合理的货币补偿和社会保障的情况下，被征地农民对于居住环境的要求没有得到满足。在设计征地补偿机制时，应着重考虑被征地农民对居住环境的诉求。总之，应考虑现实情况，以农民的需求为主要目标来制定合适的征地补偿机制。

5.3

补偿机制的实现路径

通过对征地补偿制度绩效的分析，可以更加了解我国征地补偿制度的实施现状和存在的问题。目前，我国征地补偿机制依然存在不足和缺陷，设计合理且有益于百姓的征地补偿机制有助于提高征地补偿绩效，保障农民的权益。

5.3.1　补偿机制设计

土地征收是一项复杂、重要的社会工程，需要全面、系统的补偿机制以有序地推进。结合上文的分析与讨论，本书从政府视角出发，基于农民福利角度对征地补偿机制实施全过程进行设计，主要包括补偿对象确定、补偿范围确定、补偿标准确定、补偿分配和补偿评估五大方面。其中补偿范围主要包括本书提出的"2＋X"模式，即以货币补偿和社会保障为主要补偿方式，以就业安置、入股投资等为附加补偿方式，同时结合当地具体情况来开展征地补偿机制。该实施路径要求在征地补偿过程中确立公平补偿原则，保证被征收集体经济组织和农民的土地财产权益。我国法律制度的制定和实施都是以人民群众为基础，在征收土地问题上充分尊重老百姓的意愿，让每一个群众都能够享受来自政府的优惠政策。该征地补偿机制的实现路径如图 5–3 所示，包含四部分内容，即明确补偿对象、确定补偿方式、调整补偿标准和完善补偿分配机制。下面对每一个部分所包括的内容和实现形式展开说明。

5.3.2　明确补偿对象

基于新土地管理法所确定的土地补偿种类和范围，征地补偿对象是承包经营权人、使用权人和土地所有权人。我国目前对农村集体所有权没有明确

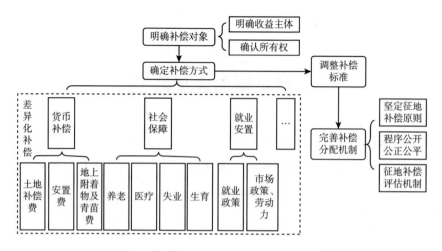

图 5 – 3   征地补偿机制实现路径设计

资料来源：笔者自绘。

的划分，法律规定的农地属农民"集体"所有，"集体"包括乡（集体）、村集体和组集体，[①] 而这三级的界定和范围都不明确，导致所有权主体不清晰，可能会造成个别单位以各种名义克扣征地款，使被征地农民的权利难以得到保障，影响被征地农民的生活。因此，需要重新确认农民的所有权，使每个农民成为实在的土地所有者。

5.3.3   确定补偿方式

提供多元化补偿方式能够更好地为被征地农民所选择。首先是货币补偿，也就是目前普遍的补偿方式。现代征收补偿理论中将征收补偿范围规定为包括因征收而造成的一系列财产损失。在这种补偿方式下，财产常以较低的折算方式转化，农民无法得到满意的货币补偿。因此，货币补偿适合缺乏资金储备、无法进行房屋再置的家庭或无法找到工作、短期经济困难的家庭。除货币补偿之外，社会保障和就业安置也是必不可少的补偿方式。

农民的土地被征是城市化的必然趋势。为了切实保护被征地农民的权益，

---

① 刘爱军. 征地补偿：制度困境与路径选择［J］. 理论与改革，2010（2）：75 – 77.

政府应该考虑到农民的未来生活情况，给予他们最大的保障。一是就业保障机制。农民搬到新地方生活面临就业的压力，政府也同时面临失业人口的安置。为被征地农民办理失业保险，提供失业保障是很有必要的。二是医疗保险保障机制。高额的医药费会使很多农民生病不敢就医，因此需要为被征地农民建立医疗保险机制，减轻就医压力。三是教育保障。被征地农民的子女教育缺少保障，不能享受基本的教育和培训。建立教育保障机制能够使被征地农民的子女享有平等受教育的机会。四是建立养老保障机制。养老保险指的是政府将部分土地以养老保险储蓄金的形式反馈给被征地农民，与最低生活保障补助类似，都属于社会福利补偿。养老保险能够给超过劳动年龄的农民提供资金支持。二者都适用于老龄化严重及再就业能力不强的农民家庭。政府应继续完善以养老和医疗保险为主的社会保障政策，维护被征地农民长期稳定的生活。

对于就业安置来说，政府在完成征地过程后，并没有为被征地农民提供就业机会，农民只能通过市场寻求就业机会。被征地农民的受教育水平较低，在劳动力市场竞争中处于劣势，就业机会相对较少。虽然政府针对被征地农民的就业问题提出了相关政策，但是缺乏可落地的就业帮扶措施。基于此，政府应当实施积极的劳动力市场政策，如在各种信息平台上发布招聘信息，促进信息的传播；组织贴合实际的就业培训；鼓励当地企业在保证同等劳动力水平的情况下优先招聘被征地农民；提高政府招聘服务用工数量等。通过政府及企业的帮助为被征地农民提供就业机会，实现长久的生计支持。

以上三种补偿方式的最终目的都是为被征地农民的生活提供全面的后期保障，如养老、医疗及生活来源。根据被征地农民的自身背景和诉求，可采用差异化补偿方式，首先要分析被征地农民的经济状况，若短期内缺乏经济来源或住宿保障，则提供相应的货币补偿或者购房优惠。其次，就其家庭结构进行分析，因老龄化家庭老人发病率高、务工人员少，应分配养老保险、医疗减免等社会福利保障和生活补助等经济补偿；若为年轻化家庭，则进入再就业能力分析，首先对被征地农民的就业倾向进行划分，若其倾向于留在农村地区发展，则应通过减免税收、协办农村合作社等方式提供补偿，促进经营活动发展；若其倾向于城市就业，则应对其知识水平和专业能力进行分析；若其受过高等教育或掌握一门专业技能，则以提供招聘信息为主；若其缺乏专业技能，则应以培训形式开展就业辅导。

5.3.4 调整补偿标准

合理制定补偿标准是确保补偿公平公正的前提条件。目前我国的征地补偿标准是基于农地收益计算的，并没有考虑农地转化为非农用地后的预期收益，农民土地的征收补偿费远远低于出让价值。因此征地补偿标准要综合考虑土地的原有用途、资源条件、人口及经济社会发展水平等因素，并且应具有与时代变化、经济发展相适应的动态性，有利于保护被征地农民的利益。

征地补偿标准的确定应以土地市场价格为依据，可以邀请具备相关资质的评估机构对土地价格进行估计，通过协商确定补偿标准。另外，土地市场价格须按照农地转用后土地的用途来确定。此外，为了适应经济社会的发展，征地补偿标准制定机构应保证征地补偿标准在 3 年内固定，并对新标准做出说明。

5.3.5 完善补偿分配机制

完善征地补偿分配机制对保护被征地农民合法权益非常重要。在我国实行农村土地集体所有制的前提下，农民只享有土地承包经营权，因此征地补偿分配过程中存在集体组织和农民两个主体。依据相关条例，在征地补偿分配过程中需要考虑到多种情况，因为存在补偿款分配不合理、财务处理不规范、钱款滥用等现象。为了避免类似情况的发生，有必要完善征地补偿机制，按照同地同价的原则及时为农民提供合理补偿。

在征地补偿分配机制实施的过程中也要保证征地程序的公开、公正和公平。首先，确保被征地农民的知情权并参与其中，随时监督。其次，征地补偿过程中要做到财务透明化、公开化，积极解决村民的问题和异议，维护被征地农民的切身利益。在完成征地补偿这一过程后，本书建议加入评估机制，建立征地补偿绩效评估体系，全方位评估政府在征地补偿机制实施过程中的效果，总结征地补偿实施过程中的不足，及时反馈和调整征地补偿政策，提高征地补偿结果的有效性以及被征地农民的生活质量。

5.4
补偿机制实现路径的政策保障体系

5.4.1　补偿机制实施的政策保障

补偿分配机制的实施需要政策保障。第 2 章针对农民的需求对征地补偿过程中所用到的政策工具进行了梳理并构建政策执行工具效果评估准则来衡量政策工具实施的效果。在不同的补偿地区，面对不同的补偿对象，可以依据评估准则得出适合的政策工具的排序，选取排名靠前的政策工具为征地补偿机制的实施保驾护航。

第 2 章中提出的政策工具评估准则中包括的政策工具有十种：颁布补偿标准、提供安置房、货币补偿、保险体系、民主意见征集、建立监察制度、农村户口转城镇、税收优惠、入股投资和教育培训。案例分析中，基于三种不同的偏好对十种政策工具进行排序的结果见表 2 - 12。从个案中可以看出一些共性特征，比如三种不同的偏好下，排序前三名的政策工具为货币补偿、民主意见征集和建立监察制度。

货币补偿属于生存需求的政策工具。对被征地农民和政府来说，货币补偿是征地补偿机制中不可缺少的一部分。在我国现有的补偿机制中，货币补偿也是征地过程中首选的补偿方式，所以货币补偿在政策工具中排名靠前也是很正常的。政府应在现有货币补偿机制的基础上，给被征地农民提供最合理的补偿方案和补偿金额，充分满足被征地农民的基本需求。

民主意见征集和建立监察制度属于情感需求的政策工具。被征地农民一方面关心征地后的生活状况，即生存需求；另一方面更关注在征地过程中的参与感和被重视感，即公众参与。刘炳胜（2021）等在构建指标体系衡量我国城市更新项目的公众参与水平时，发现指标类型偏离了公众的感知。从被征地农民的角度来说，多多参与其中也能提高征地补偿的满意度，从而提升征地补偿机制实施的效果。

5.4.2 公众参与政策实施路径

图5-4为征地补偿中被征地农民实现公众参与的形式。公众参与贯穿征地补偿的全过程，很大程度上影响征地补偿机制实施的结果评价。

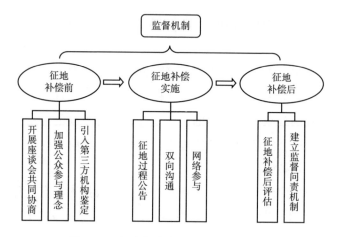

图5-4 征地补偿中公众参与实施路径

资料来源：笔者自绘。

1. 征地补偿前

在征地补偿前，通过语言、杂志、广播等各种传播媒体来传播信息，让农民意识到公众参与的重要性，加强对于土地征收相关政策和法律法规的理解；开展群众座谈会，收集农民关于补偿标准和补偿范围的各种问题，为建立合理的征地补偿机制以及与群众的深入沟通打下基础；通过引入第三方公益评定机构，对征地目的进行审核，探求"公共利益"的真实性，确保征地行为的合理性。

2. 征地补偿实施

在征地补偿机制实施过程中，农民的参与不仅有助于促进补偿工作的顺利进行，同时也有助于充分考虑并尊重农民的想法。首先保证实施过程的信息公开，让被征地农民了解征地的动态。其次通过听证会和村民会议等形式，实现与被征地农民的双向沟通，及时了解被征地农民的利益诉求和意见。随着网络政务服务迅速的发展，公众参与的范围被拓宽，通过网上渠道建立公共对话空间，改善因时间和空间限制导致的在公共事务上缺位的状态，让被征地农民充分参与进来。

3. 征地补偿后

在发放完补偿款和交付房屋后相关部门对被征地农民的关注度有所下降，对后续在城市中的就业和生活状况没有进一步了解，导致无法及时发现和解决被征地农民后续遇到的各种问题，无法为后续的征地补偿工作提供经验。因此，如果能够对征地补偿项目完成后相应期限内被征地农民的工作、生活等问题进行跟踪调查，建立反馈机制，则有助于这一问题的解决。与此同时，建立评估和问责机制对征地过程的绩效评估是非常重要的，不仅能够及时总结经验，同时也可以监督相关部门人员的工作绩效，同时将责任落实到个人，建立事前预防、事中监管、事后问责的机制。

4. 监察机制

在保证参与度的同时，监察机制同样重要。应引入法律援助，在征地之前对农民进行法律普及，出现纠纷时帮助农民合理上诉，确保农民的个人利益得到维护。

监察机制应贯穿征地补偿的全过程，明确监督主体和被监督对象，形成完整的监督体系，确保公正。广泛听取被征地农民的意见，民主决策，采用被征地农民支持和满意的征地补偿机制，将补偿方案进行公示，保证过程的公开与被征地农民的知情权。同时，应建立监察制度，严格监察，由被征地农民进行监督，切实维护自己的利益。

第6章

政策建议

转变地方政府角色

　　土地征收是一项涉及多元利益主体的复杂事件，分析各利益主体的利益取向和立场，有助于解决土地征收矛盾，保障社会和谐稳定。

　　转变政府角色基于两个原则，一是重新定位政府角色，使政府回归公正理性；二是明确农民的土地产权，按照市场价格进行补偿。

　　转变政府角色，主要包含以下两个方面：首先是明确界定公共利益的边界。我国多以"公共利益"为由进行土地征收，但是目前我国对于"公共利益"的边界界定并不明确。通过明确"公共利益"的范围，可以有效减少土地审批权的滥用，避免土地财政的泛滥。其次是明确政府的角色定位，将政府的多重身份进行分离，特别是要将监督职责独立出来，加强对政府行为的监督力度。

　　总之，通过转变政府的角色，尝试消除地方政府与被征地农民在土地征收事件中的对立立场，化解两者之间的矛盾，维护社会稳定。

6.2

明确土地征收公共利益范围和利益分配机制

6.2.1 明确土地征收公共利益

科学界定土地征用范围是保障被征地农民合法权益的关键一环，必须依靠健全的法律法规对公共利益做出明确规定。与我国相同，世界上的多数国家的土地征收都是以公共利益为依据，按照严格的征地程序执行征地。美国、澳大利亚、英国等国家对公共利益原则有明确的规定，并没有对公共利益的范畴进行具体的限制，而是通过规范的征地程序对私人财产给予应有的保护。比如，美国联邦宪法规定非依正当法律程序，不得剥夺任何人的生命、自由或财产；非有合理补偿，不得征用私有财产供公共使用。[1] 日本的土地征用同样要求满足公共利益的要求，通过穷举法把符合公共利益范围的征地条件一一列出。

全面依法治国是我国的一项基本战略，对于土地征用事件中公共利益边界模糊的问题，需要从立法入手，通过借鉴其他国家在土地征收方面的立法经验，明确界定"公共利益"的边界，从制度层面杜绝征地权的滥用。我国土地征用制度中公共利益不明确的主要原因是征地程序的不规范和存在保留条款。美国对公共利益虽然只有原则上的规定而没有具体界定，但是美国依据严格的征地程序，可以有效规范征地滥用的情况。与之相对，日本虽然是通过具体的穷举法来规定，但是日本并没有保留条款，杜绝了违规操作的空间。与日本相比，我国幅员辽阔，不可能穷举所有征地情况，但是有必要缩减保留条款的使用范围，增强审查力度，严格规范土地征用的程序。通过此举有效地解决滥用公共利益的问题。

---

[1] 李少鹏. 城市房屋拆迁补偿制度研究 [D]. 北京：中央民族大学，2005.

6.2.2　土地收益的分配

土地增值主要由两部分组成，一是农地转用形成的增值，即农用地转变为建设用地前后产出之间的差值。二是政府投资带来的增值。其中，第一部分的土地增值来源于土地自身的开发价值，根据马克思古典经济学中的地租理论，应由被征地农民所有。第二部分土地增值来源于政府的投资，应由政府所有。土地的市场价值表现为土地用于各类开发时的潜在价值，即土地的增值价值。在征地补偿标准的计算中，美国以土地最优用途时的最高市场价值为该土地的市场价值。我国征地补偿标准可以借鉴其他国家的经验，在通过市场价值标准计算补偿费用时，考虑被征地最高最优用途的市场价格，提高被征地农民的征地补偿。

6.3

完善土地征收程序

科学合理的土地征收程序主要应包括以下几项内容。

一是信息公开。公开透明是构建政府和公民信任的基本点，也是程序正义的必然要求。信息公开透明能够给予被征地农民足够的知情权。可以通过公告、报纸、多媒体或者网络等多种形式让被征地农民及时了解相关信息并发表自己的意见，确保被征地农民充分了解土地征收的各项事宜。对于土地纠纷，应积极引导被征地农民利用合法途径解决。

二是完善听证制度。听证制度是地方政府与被征地农民之间有效的沟通桥梁，应鼓励被征地农民参与其中并发表意见，由行政人员消除疑问，提高被征地农民的参与度。在土地征收过程中，地方政府应定期召开听证会，邀请政府及相关部门、被征地农民代表、学者等参与其中。在这个过程中，地方政府应该积极听取各方建议，充分考虑被征地农民的诉求和意愿，制定科学合理的征地补偿方案，维护被征地农民的权益。

三是完善协商制度。我国征地冲突频发的一大原因是地方政府与被征地农民之间缺乏充分的协商。只有通过积极有效的协商和沟通，才能平衡各方的利益诉求，消除矛盾，确保程序的顺利进行。在土地征收过程中，地方政府应该完善协商制度，构建政府和被征地农民协商的渠道，让被征地农民能够与地方政府进行有效的沟通，实现共赢。

四是完善监督制度，加强对土地征收过程的监督。在土地征收过程中，地方政府既是征地补偿方式和标准的制定者，也是执行者，容易忽略被征地农民的利益。因此需要给被征地农民足够的知情权和参与权，同时给予被征地农民一定的监督权。另外，政府内部也应建立自我监督机制，确保地方政府坚持维护公平正义的原则，保障被征地农民的利益。

五是完善诉讼救济制度。完善诉讼救济制度可以从两个方面着手，分别是行政救济和司法救济。[①] 我国土地征收的诉讼救济制度并不完善，再加上农民普遍对法律认识不足，被征地农民不知如何有效的通过诉讼来维护自己的利益。因此有必要完善诉讼救济制度，构建畅通的申诉渠道，提供必要的司法救济和法律援助，为被征地农民合法权益提供制度保障。

6.4
被征地农民市民化

改革开放以来，我国经历了剧烈的人口变动，大量的农村人口向城市迁移。目前我国劳动力呈现东南地区集聚、西北地区分散的格局。东部地区经济较为发达，对人口的吸引力强，而西北地区经济发展水平较低，尽管资源丰富，但产业发展落后，对劳动力的吸引力不足。目前我国区域发展失衡，产业发展不均衡，导致劳动力的流动不合理。随着经济发展和科学技术的进步，第三产业发展不断完善，大城市对劳动力的吸纳已达上限。中小城市虽然发展较弱，但是已展现出巨大的潜力。目前我国大城市发展到达瓶颈期，

---

① 陈娥英，孟宏斌. 新型城镇化进程中的农村征地冲突调适化解机制 [J]. 云南民族大学学报（哲学社会科学版），2014，31（1）：89-94.

需要进行战略转型。大城市战略转型的关键是调整产业结构，将部分产业转移出去。中小城市作为大城市和乡村的中间地带，有一定的经济和技术基础，是承接大城市产业转移的最佳选择。因此政府需要大力发展中小城市，促进产业发展，促进农民在中小城市就业、创业，缓解大城市的就业压力，实现劳动力均衡分布和区域经济协调发展。

大力发展中小城市是破解区域发展不平衡困境的战略安排，实现手段主要为政策支持、调整产业结构和吸纳人口，三者环环相扣，共同促进区域协调发展。其中，政策支持是中小城市发展战略的制度保障和留住人才的关键措施，调整产业结构是吸引人才的前提条件，而人才是发展的原动力。被征地农民的市民化是发展中小城市、促进区域协调发展的关键一环。为实现区域经济协调发展，均衡人口分布，解决被征地农民的问题，必须发挥中小城市的发展潜力，吸纳更多被征地农民。被征地农民进入城市后，转变为城镇户口，在法律上他们已成为城市居民，但实际情况并非如此——被征地农民市民化是指全面市民化，包括市民权利与义务、社会福利、身份认同等各个方面，① 是留住被征地农民的关键所在。市民化程度的测量指标分为五个方面：居住条件、生活状况、自身素质、政治参与以及心理认知。② 实现被征地农民从形式市民化到实质市民化的转变，关键在于提高心理认同感，可以通过改善经济状况、完善社会保障、提高就业技能等方法实现。

综上，促进被征地农民市民化主要从三方面着手。首先是政策支持，这是实现被征地农民市民化的制度保障。具体而言，应制定公正合理的征地补偿制度，给予被征地农民合理的补偿和社会保障，同时明确社会保障确定标准，在养老与医疗方面做到与市民趋同。其次是调整产业结构。中小城市在调整产业结构的同时，承接产业转移，通过发展产业提高人口吸引力，促进被征地农民的就业。最后是社会干预。加强基础设施以及其他环境方面的建设，增强被征地农民的归属感，同时重视被征地农民的心理感受，引导其适应市民化的生活方式。

---

① 刘燕. 农业转移人口市民化程度测评指标体系构建研究 [J]. 劳动保障世界，2019（15）：65－67.

② 刘文娟. 农村失地农民市民化过程探析 [J]. 农村实用技术，2021（5）：18－21.

参 考 文 献

[1] 巴曙松，谭迎庆，丁波. 我国社保基金监管的现状、问题和建议 [J]. 经济研究参考，2007 (58)：48 - 52.

[2] 巴曙松，谭迎庆，赵晶，等. 关于社保基金监管框架的思考 [J]. 技术经济与管理研究，2007 (5)：8 - 10.

[3] 白菊红，袁飞. 农民收入水平与农村人力资本关系分析 [J]. 农业技术经济，2003 (1)：16 - 18.

[4] 鲍海君，吴次芳. 关于征地补偿问题的探讨 [J]. 价格理论与实践，2002 (6)：28 - 30.

[5] 陈振明，吕志奎. 民生改善与基层治理：转产就业政策创新的"翔安样本"[J]. 中国行政管理，2015 (3)：116 - 119.

[6] 陈娥英，孟宏斌. 新型城镇化进程中的农村征地冲突调适化解机制 [J]. 云南民族大学学报 (哲学社会科学版)，2014，31 (1)：89 - 94.

[7] 陈浩，刘葆金. 人力资本与农村劳动力非农就业问题研究 [D]. 南京：南京农业大学，2007.

[8] 陈凌，董华英，熊艳艳. 就业机会与就业能力——杭州滨江区农转非人员就业的调查研究 [J]. 浙江社会科学，2004 (1)：36 - 40.

[9] 陈宗胜，周云波，任国强，等. 影响农村三种非农就业途径的主要因素研究——对天津市农村社会的实证分析 [J]. 财经研究，2006 (5)：4 - 18.

[10] 程杰，郑晓桐. 新城镇化背景下失地农民社会保障问题研究——以

辽宁省为例 [J]. 北方经济, 2015 (7): 62 - 64.

[11] 邓雅誉, 杨平. 论社会保障政策执行中存在的问题与对策 [J]. 法制与社会, 2010 (5): 188 - 189.

[12] 邓力源, 唐代盛, 余驰晨, 等. 我国农村居民健康人力资本对其非农就业收入影响的实证研究 [J]. 人口学刊, 2018, 40 (1): 102 - 112.

[13] 翟年祥, 项光勤. 城市化进程中失地农民就业的制约因素及其政策支持 [J]. 中国行政管理, 2012 (2): 50 - 53.

[14] 都阳. 贫困地区农户参与非农工作的决定因素研究 [J]. 农业技术经济, 1999 (4): 33 - 37.

[15] 方涧. 我国土地征收补偿标准实证差异与完善进路 [J]. 中国法律评论, 2019 (5): 76 - 86.

[16] 高阳, 陈常青. 一种基于 ELECTRE 排序的简化方法 [J]. 统计与决策, 2006 (10): 37 - 39.

[17] 郭晓. 征地补偿机制与被征地农民保障研究 [D]. 天津: 天津商业大学, 2015.

[18] 何思瑜, 赵铁. 被征地拆迁农民补偿安置政策执行问题研究 [D]. 南宁: 广西大学, 2015.

[19] 贺雪峰. 提高征地拆迁补偿标准, 谁是受益者? [J]. 社会观察, 2013 (1): 46 - 48.

[20] 洪运, 陈岚君. 征地拆迁中的农村住房安置补偿制度研究 [J]. 经济体制改革, 2012 (3): 78 - 81.

[21] 侯风云. 农村外出劳动力收益与人力资本状况相关性研究 [J]. 财经研究, 2004 (4): 88 - 100.

[22] 胡威, 王淑萍. 农民工就业能力评价研究 [D]. 南宁: 广西大学, 2014.

[23] 黄锟. 城乡二元制度对农民工市民化影响的实证分析 [J]. 中国人口·资源与环境, 2011, 21 (3): 76 - 81.

[24] 黄斌, 徐彩群. 农村劳动力非农就业与人力资本投资收益 [J]. 中国农村经济, 2013 (1): 67 - 75, 86.

［25］贾晓松．土地征收补偿方式存在的问题及对策［J］．河北企业，2016（11）：54－55.

［26］孔祥智，王志强．我国城镇化进程中失地农民的补偿［J］．经济理论与经济管理，2004（5）：60－65.

［27］李平，徐孝白．征地制度改革：实地调查与改革建议［J］．中国农村观察，2004（6）：40－45.

［28］李少鹏．城市房屋拆迁补偿制度研究［D］．北京：中央民族大学，2005.

［29］李发杰．基于农户类型视角的耕地集约利用研究［D］．曲阜：曲阜师范大学，2017.

［30］李穗浓，白中科．现行征地补偿安置模式比较分析［J］．中国土地，2014（2）：33－34.

［31］李祥兴．失地农民创业的制约因素及其对策［J］．山东科技大学学报（社会科学版），2007（1）：66－69.

［32］梁浩君．政府主导型土地征收补偿机制研究［D］．宁波：宁波大学，2011.

［33］刘爱军．征地补偿：制度困境与路径选择［J］．理论与改革，2010（2）：75－77.

［34］刘世铎，吴群琪．高速公路征地差别补偿理论［J］．长安大学学报（社会科学版），2008，10（4）：25－29.

［35］刘文娟．农村失地农民市民化过程探析［J］．农村实用技术，2021（5）：18－21.

［36］刘小双．我国被征地农民补偿安置模式研究［D］．舟山：浙江海洋大学，2011.

［37］刘军，胡坚．大中型水利工程农村移民安置方式浅析［J］．水力发电，2020，46（7）：16－19.

［38］刘培德，游信丽．基于熵权和扩展ELECTRE方法的海洋平台选型研究［J］．经济与管理评论，2017，33（3）：53－59.

［39］刘香玲．"城中村"失地农民法律保障机制研究［J］．中国集体经

济，2010（1）：126 - 127.

[40] 刘燕. 农业转移人口市民化程度测评指标体系构建研究 [J]. 劳动保障世界，2019（15）：65 - 67.

[41] 柳建文. 农村社会治理专题 [J]. 公共管理学报，2014，11（2）：101.

[42] 卢海元. 土地换保障：妥善安置失地农民的基本设想 [J]. 中国农村观察，2003（6）：48 - 54.

[43] 毛飞，孔祥智. 中国农业现代化总体态势和未来取向 [J]. 改革，2012（10）：9 - 21.

[44] 梅林. 浅析集体土地征用补偿标准的未来性——兼论集体土地征用补偿新方式 [J]. 法制与经济，2006（8）：16 - 17.

[45] 孟佳玉，于楠楠. 哈尔滨市城镇化进程中失地农民再就业问题研究 [D]. 哈尔滨：哈尔滨工业大学，2020.

[46] 任宏，张埔炽. 公共项目征地拆迁中存在的问题及对策研究 [J]. 工程管理学报，2014，28（1）：31 - 35.

[47] 石智雷，杨云彦. 外出务工对农村劳动力能力发展的影响及政策含义 [J]. 管理世界，2011（12）：40 - 54.

[48] 宋全成. 中国城市化进程中的失地农民问题及对策——非自愿移民与社会学研究的双重视角 [J]. 社会科学辑刊，2009（2）：43 - 48.

[49] 谭术魁，涂姗. 征地冲突中利益相关者的博弈分析——以地方政府与失地农民为例 [J]. 中国土地科学，2009，23（11）：27 - 31，37.

[50] 唐云锋，解晓燕，徐小溪. 基于共词分析的我国征地拆迁研究热点及其趋势 [J]. 上海国土资源，2016，37（2）：25 - 29.

[51] 唐钧. 社会政策的基本目标：从克服贫困到消除社会排斥 [J]. 江苏社会科学，2002（3）：41 - 47.

[52] 田甜，冯帆，左停，等. 我国农村人口的就业概况及性别代际差异研究——基于2016年全国22省1095份调查数据 [J]. 华东经济管理，2018，32（9）：50 - 56.

[53] 王才亮. 农村征地拆迁纠纷处理实务 [M]. 北京：法律出版

社，2006.

[54] 王超．城镇化战略转型：系统关系视角下的新型城镇化路径选择 [J]．前沿，2013（11）：134-137.

[55] 王伟，马超．基于可行能力理论的失地农民福利水平研究——以江苏省宜兴市和太仓市为例 [J]．农业技术经济，2013（6）：20-31.

[56] 王中华，范莹莹．安徽省征地拆迁与补偿安置工作问题及对策研究 [J]．合肥学院学报（社会科学版），2013，30（4）：42-45.

[57] 王丹玉，魏君英，朱圣耀．失地农民就业问题研究 [D]．荆州：长江大学，2020.

[58] 王照浩，于萍．新型城镇化视阈下失地农民就业问题研究 [D]．济南：山东大学，2015.

[59] 魏佳兴．农民土地意识分化及其对征地意愿的影响研究 [D]．杨凌示范区：西北农林科技大学，2019.

[60] 吴次芳，鲍海君．城市化进程中的征地安置途径探索 [J]．中国土地，2003（4）：13-15.

[61] 吴九兴，王秀兰．土地产权与失地农民土地权益保护 [J]．经济体制改革，2008（6）：103-106.

[62] 吴渭，刘永功．产权视角下的农村土地征迁与利益博弈 [J]．兰州学刊，2015（2）：204-208.

[63] 熊德凤，张冠庭，潘经光，等．运用世界卫生组织《残疾评定量表》（WHODAS 2.0）评定香港残疾人士和慢性病患者的活动和参与障碍 [J]．中国康复理论与实践，2014，20（6）：508-512.

[64] 熊会兵，雷海章．我国农村劳动力非农就业问题研究 [D]．武汉：华中农业大学，2005.

[65] 徐莉，严予若，王晓凤．试论建立失地农民权益长效保障机制 [J]．农村经济，2006（4）：90-92.

[66] 徐丙奎．进城农民工的社会网络与人际传播 [J]．华东理工大学学报（社会科学版），2007（3）：92-96.

[67] 徐国良．土地依恋视角下的被征地农民安置补偿认知评价研究

[J]. 土地经济研究, 2018 (2): 26 - 40.

[68] 徐佳澍. 城镇化进程中失地农民非农就业问题研究 [J]. 河南农业, 2016 (14): 113.

[69] 徐媛媛, 严强. 公共政策工具的类型、功能、选择与组合——以我国城市房屋拆迁政策为例 [J]. 南京社会科学, 2011 (12): 73 - 79.

[70] 薛刚凌, 王霁霞. 土地征收补偿制度研究 [J]. 政法论坛, 2005 (2): 87 - 95.

[71] 晏小满. 基于失地农民需求层次的征地补偿标准研究 [D]. 杭州: 浙江财经大学, 2015.

[72] 杨曦, 童怡. 公共利益理论视角下我国农村土地征收补偿机制研究 [J]. 市场周刊, 2018 (6): 153 - 155.

[73] 杨云彦, 徐映梅, 胡静, 等. 社会变迁、介入型贫困与能力再造——基于南水北调库区移民的研究 [J]. 管理世界, 2008 (11): 89 - 98.

[74] 叶必丰. 城镇化中土地征收补偿的平等原则 [J]. 中国法学, 2014 (3): 126 - 137.

[75] 袁凌云. 征地拆迁工作需要把握的几个问题 [J]. 理论导报, 2010 (3): 42.

[76] 湛文婷, 李昭华. 中国劳动力市场中工资差异的户籍歧视变化趋势 [J]. 城市问题, 2015 (11): 91 - 97.

[77] 张期陈. 农地征用过程中村民利益问题研究——基于莱芜市农村征地调研的分析 [J]. 江西财经大学学报, 2009 (1): 50 - 53, 96.

[78] 张晓玲. 征地制度改革必须推进相关配套制度改革 [C]. 中国土地学会625论坛 - 第十六个全国"土地日": 依法合理用地, 促进科学发展论文集, 2006: 60 - 62.

[79] 张孝德, 田应斌. 土地征收补偿方式的改革路径思考 [J]. 科技创业月刊, 2007 (6): 15 - 16.

[80] 张燕, 居琦, 王莎. 生态扶贫协同下耕地生态补偿法律制度完善——基于法政策学视角 [J]. 宏观经济研究, 2017 (9): 184 - 191.

[81] 张元庆. 中国城镇化与征地困局——基于农地产权视角的思考

[J]. 西北农林科技大学学报（社会科学版），2014，14（4）：16-21，31.

[82] 张桂蓉. 解读失地农民社会保障的困境——从一个社会排斥的视角 [J]. 宁夏社会科学，2008（6）：58-61.

[83] 张侃. 不同类型失地农民征地补偿机制研究 [D]. 武汉：华中农业大学，2010.

[84] 张来雪，于莉. 失地农民再就业问题研究 [J]. 合作经济与科技，2020（20）：134-137.

[85] 张良悦：土地发展权框架下失地农民的补偿 [J]. 东南学术，2007（6）：4-9.

[86] 张务伟，张福明，杨学成，等. 农村劳动力就业状况的微观影响因素及其作用机理——基于入户调查数据的实证分析 [J]. 中国农村经济，2011（11）：62-73，81.

[87] 赵继新，丁娟娟，裴新岗. 失地农民补偿模式评价及机制研究 [J]. 商业研究，2009（12）：136-138.

[88] 郑财贵，朱玉碧. 失地农民几种主要补偿安置方式的比较分析 [J]. 中国农学通报，2006（7）：607-611.

[89] 周洁，姚萍，徐玲，等. 城乡统筹背景下的征地制度改革：南京的补偿安置政策改革及其绩效 [J]. 现代城市研究，2014（8）：25-30.

[90] 周钧. 苏州高新区征地补偿安置政策绩效评价 [J]. 中国土地科学，2008（9）：33-37，50.

[91] 周逸先，崔玉平. 农村家庭户主教育程度对家庭生活影响的调查与分析 [J]. 清华大学教育研究，2000（2）：109-113.

[92] 朱晒红. 新城镇化背景下失地农民补偿安置问题——基于政府公共性缺失的视角 [J]. 农村经济，2014（2）：80-84.

[93] 邹冰，陈凌. 我国农地征用中集体土地产权保护问题研究 [D]. 杭州：浙江大学，2010.

[94] 国土资源部关于完善征地补偿安置制度的指导意见 [J]. 农村经营管理，2005（2）：10-11.

[95] 国家土地督察公告（第7号）[N]. 中国国土资源报，2014-03-21.

［96］Bao H, Peng Y. Effect of land expropriation on land-lost farmers' entrepreneurial action: a case study of Zhejiang province ［J］. Habitat International, 2016 (53): 342 – 349.

［97］Barrese J T. Efficiency and equity considerations in the operation of transfer of development rights plans ［J］. Land Economics, 1983, 59 (2): 235 – 241.

［98］Chambers R, Conway G. Sustainable rural livelihoods: practical concepts for the 21st century ［J］. IDS Discussion Paper, Brighton: Institute of Development Studies (UK), 1992: 296.

［99］Chan N. Recent reform of China's rural land compensation standards ［J］. Pacific Rim Property Research Journal, 2006, 12 (1): 3 – 21.

［100］Chen Y, Rosenthal S S. Local amenities and life-cycle migration: do people move for jobs or fun? ［J］. Journal of Urban Economics, 2008, 64 (3): 519 – 537.

［101］Figueira J R, Greco S, Roy B et al. An overview of ELECTRE methods and their recent extensions ［J］. Journal of Multi-Criteria Decision Analysis, 2013, 20 (1 – 2): 61 – 85.

［102］Giammarino R, Nosal E. Loggers versus campers: compensation for the taking of property rights ［J］. Journal of Law, Economics & Organization, 2005, 21 (1): 136 – 152.

［103］Govindan K, Jepsen M B. ELECTRE: a comprehensive literature review on methodologies and applications ［J］. European Journal of Operational Research, 2016, 250 (1): 1 – 29.

［104］Cernea M M. Rwanda-Education in Rwanda-rebalancing resources to accelerate post-conflict development and poverty reduction ［J］. Water and Sanitation Program-Africa Region: Field Note, 2003.

［105］Hui E, Seabrooke W. Dynamic impact of land supply on population mobility with evidence from Hong Kong ［J］. Pacific Rim Property Research Journal, 2003, 9 (1): 45 – 60.

［106］Hunter A，Konieczny S. On the measure of conflicts：shapley inconsistency values ［J］. Artificial Intelligence, 2010, 174 (14)：1007 – 1026.

［107］Irwin E G，Bockstael N E. The problem of identifying land use spillovers：measuring the effects of open space on residential property values ［J］. American Journal of Agricultural Economics, 2001, 83 (3)：698 – 704.

［108］Kline J，Wichelns D. Using referendum data to characterize public support for purchasing development rights to farmland ［J］. Land Economics, 1994, 70 (2)：223 – 233.

［109］Lieu J，Spyridaki A N，Alvarez-Tinoco R，Van der Gaast W，Tuerk A，Van Vliet O. Evaluating consistency in environmental policy mixes through policy，stakeholder，and contextual interactions ［J］. Sustainability, 2018, 10 (6).

［110］Liu B，Lu X，Hu X et al. What's wrong with the public participation of urban regeneration project in China：a study from multiple stakeholders' perspectives ［J］. Engineering，Construction and Architectural Management, 2021, 29 (1)：91 – 109.

［111］Liu Z，Zhu Z，Wang H et al. Handling social risks in government-driven mega project：an empirical case study from west China ［J］. International Journal of Project Management, 2016, 34 (2)：202 – 218.

［112］Messer K D. The conservation benefits of cost-effective land acquisition：a case study in Maryland ［J］. Journal of Environmental Management, 2006, 79 (3)：305 – 315.

［113］Meter D S V，Horn C E V. The policy implementation process：a conceptual framework ［J］. Administration & Society, 1975, 6 (4)：445 – 488.

［114］Monroe A D. Public opinion as a factor in public policy formation ［J］. Policy Studies Journal, 1978, 6 (4)：542 – 548.

［115］World Health Organization. How to use the ICF：A practical manual for using the International Classification of Functioning，Disability and Health (ICF) ［J］. Exposure Draft for Comment. October 2013. Geneva：WHO：7 – 8.

［116］Perry T，Zenner M，Kalpathy S et al. Government regulation and the structure of compensation contracts [J]. Round Table the Commonwealth Journal of International Affairs, 2007, 8 (1): 117 – 126.

[117] Rafferty S J. Central, provincial, and municipal regulations on property: demolition, relocation, and compensation [J]. Chinese Law & Government, 2011, 44 (2): 3 – 7.

[118] Roy B. The outranking approach and the foundations of ELECTRE methods [J]. Theory and Decision, 1991, 31 (1): 49 – 73.

[119] Sen A. Editorial: human capital and human capability [J]. World Development, 1997, 25 (12): 1959 – 1961.

[120] Spyridaki N-A, Banaka S, Flamos A. Evaluating public policy instruments in the greek building sector [J]. Energy Policy, 2016 (88): 528 – 543.

[121] Taeihagh A. Crowdsourcing: a new tool for policy-making? [J]. Policy Sciences, 2017, 50 (4): 629 – 647.

[122] Tian L. The Chengzhongcun land market in China: boon or bane? —A perspective on property rights [J]. International Journal of Urban and Regional Research, 2008, 32 (2): 282 – 304.

[123] Zhang T. Land market forces and government's role in sprawl: the case of China [J]. Cities, 2000, 17 (2): 123 – 135.